WILLIAM AULD

TRADUKU!

WILLIAM AULD

TRADUKU!

ESPERANTO-ASOCIO DE BRITIO

2024

William Auld
Traduku!
Serio: Festjaro BAULDTON
Tria eldono

Esperanto-Asocio de Britio
Londono, 2024
esperanto.org.uk

ISBN: 978-0-902756-81-6

© 2024 familio de William Auld,
Esperanto-Asocio de Britio

ENHAVO

William Auld 7

Antaŭparolo al la festjara eldono 13

Antaŭparolo al la dua eldono 15

Notoj por la dua eldono 17

Ekzercoj 21

Analizoj 79

Indekso 231

Tradukvortareto 251

William Auld estis la unua persono nomumita por la *Premio Nobel pri Literaturo* pro verko en la Internacia Lingvo, ĉefe pro sia majstroverka originalaĵo, la 25 ĉapitrojn longa poemego *La infana raso*, publikigita en 1956, kiam li estis ĉe la pinto de sia poezia potenco. Preskaŭ duonjarcenton poste li elektis ĝin kiel unu inter tri verkoj, kiujn li kunprenus, se oni ekzilus lin al dezerta insulo, «por memorigi min pri kio mi iam kapablis».

Auld estis unu el la dek pli bonaj kandidatoj en 1999, kaj same en 2004 kaj 2006, kiam oni pliajn fojojn kandidatigis lin. Precipe pro tiu ĉi unua nomumo ĵurio aranĝita de *La Ondo de Esperanto* elektis lin la unua *Esperantisto de la Jaro* en 1999.

* * *

William Auld naskiĝis la 6-an de novembro 1924 en Erith, Anglujo, la unua infano de George kaj Minnie Auld, ambaŭ skotoj: la familio reinstaliĝis en Skotlando en 1933. Tre diligenta lernejano, en 1936 li gajnis stipendion por Allan Glen's School en Glasgovo, privata porknaba liceo.

Proksimume dek-jara li komencis vizitadi bibliotekon en Glasgovo, kie, en 1937, li trovis la skoltajn promeson kaj leĝaron en Esperanto en revuo. Demandinte poste al sia skoltestro, ĉu li ion scias pri Esperanto, li ricevis la lernolibron *Step by Step in Esperanto* – ĝin (kaj ankaŭ sian ekzempleron de *Edinburga Poŝvortaro Esperanta*) li neniam forlasis, eĉ kiam li deĵoris baldaŭ poste kiel aviadisto dum la Dua Mondmilito.

En novembro 1942 Bill – kiel li estis ĝenerale konata – dekok-jariĝis kaj aliĝis al la flugarmeo. Du jarojn poste li fariĝis piloto de *Spitfire* – la sola sukcesa kandidato inter 50 – kiun li flugigis por observado kaj fotado de alto ĝis 12 km. Lia deĵorado finiĝis en novembro 1946, kio kondukis al la muldado de ĝisosta, dumviva esperantisto. Pro la milito la familio transloĝiĝis al Helensburgh, sed Bill vizitis Glasgovon ĉiun semajnfinon, ĉefe por kunveni kun Meta Stewart, samlernejano, kun kiu li korespondadis dum la milito. Ŝi fariĝis lia edzino en 1952, kaj patrino de iliaj infanoj, Judith (1954) kaj Roy (1956). La geedzoj ĉiun tagon interŝanĝis kelkajn vortojn en Esperanto dum la sekvaj feliĉaj jardekoj.

Renkontiĝante en tiu periodo kun Meta en Glasgovo, Bill trovis grandan stokon da Esperanto-libroj en tiea komunista librobutiko. Per la aĉetitaĵoj li eksciis pri lokaj grupoj, al kiuj li tuj aliĝis. Tiel «mi komencis mian Esperantan karieron – dek unu jarojn post la eklerno de la lingvo».

**

Mirinda estas la progreso, post lia ekaktivo jarfine de 1946. En januaro 1947 li abonis al la debutanta *Esperanto en Skotlando*, kaj jam en la dua numero aperis poemo, kiun li tradukis. En 1949 la redaktoran seĝon li transprenis.

Elstare imponaj estis liaj kontribuoj en la sekva jardeko, malgraŭ tio, ke ne ĝis 1950 li findecidis verki en Esperanto, anstataŭ en la angla, pro kredo, ke ne eblas elstari inter aŭtoroj verkante en du lingvoj. La internacia esperantistaro ekaŭdis pri li en 1952, kiam Juan Régulo Pérez starigis sian faman eldonejon *Stafeto*, kies unua eldonaĵo nomiĝis *Kvaropo*, kolekto de poemoj verkitaj de kvar skotoj: Auld, John Dinwoodie, John Francis, kaj Reto Rossetti. Sekvis en 1956 *La infana raso*, en 1957 *Angla Antologio I: 1000–1800* (kun Rossetti), en 1958 *Esperanta Antologio 1887–1957*. Tiom da temporabaj valoraĵoj li kontribuis en periodo, kiam li estis la redaktoro, de post 1955, de *Esperanto*, dufoje nova patro, kaj trejniĝis kiel instruisto. Lian unuan profesian postenon li akiris en 1956, kaj en 1960 li sukcese kandidatiĝis por ofico de ĉefinstruisto en literatura fako en lernejo en Alloa: post du jaroj li jam fariĝis vicestro, kaj restis 29 jarojn ĉe tiu liceo, ĝis emeritiĝo.

Senĉese li laboris por Esperanto en pluraj kampoj, ne nur kiel poeto. Li estis vicprezidanto de UEA (1977–1980), membro de la Akademio de Esperanto (1964–1983) kaj ĝia prezidanto (1979–1983), kaj redaktoro de, interalie, *Monda Kulturo* (1962–1963), *Norda Prismo* (1968–1972), *La Brita Esperantisto* (1971–2000), kaj *Fonto* (1980–1987).

En 1987, koincide kun la centjariĝo de Esperanto, Edistudio eldonis *En barko senpilota*, lian plenan poemaron. Sia ĉefplenumaĵo, tamen, li konsideris ne unu el siaj abundaj originalaj verkoj, sed sian tradukon de la tri libroj de *La Mastro de l' Ringoj*, famega serio verkita de J.R.R. Tolkien, eldonitaj en 1995, 1996 kaj 1997.

* * *

William Auld mortis la 11-an de septembro 2006, en la aĝo de 81 jaroj. Sur lia tomboŝtono en Dollar videblas kvinpinta stelo kaj du trafegaj vortoj: *Granda Esperantisto*.

ANTAŬPAROLO AL
LA FESTJARA ELDONO

Jam pasis kvinono de jarcento post la dua eldono de ĉi tiu utilega verketo; William Auld mem forpasis en 2006, 82-jara. Dum tiu longa intertempo mi tre ofte konsultis la enhavon de la libro, eĉ kopiante al mia komputilo multajn el ĝiaj plej trafaj esperantigoj por pli rapide retrovi ilin. Vere temas pri juvelaro, kiun anglalingvaj esperantistoj ne pretervidu.

La praeca teĥniko disponebla dum la preparo de la dua eldono bedaŭrinde donis iom krude malglatan aspekton al la teksto, do estas ĝojige, ke eblas nun revesti la vortojn pli elegante. Ni enmetis ankaŭ tradukvortareton, kiun Auld aperigis en numeroj 840 kaj 841 de *La Brita Esperantisto* (majo-aŭgusto 1981) kaj represigis kun kelkaj pliaj aldonoj en 897 (septembro-oktobro 1990).

Necesas korekti detalon en la origina antaŭparolo: Bill Auld efektive redaktis *LBE* de 1971 (776) ĝis 2000 (951), do entute temas pri preskaŭ 30 jaroj kaj – pro diversaj numerado-kuriozaĵoj – 174 kajeroj. Atingo mirinde admirinda.

SIMON DAVIES
decembro 2024
fine de Festjaro BAULDTON

ANTAŬPAROLO AL LA DUA ELDONO

Redakti revuon estas ĝenerale sendanka tasko. Des pli rimarkinde estas, ne nur ke William Auld redaktis *La Britan Esperantiston* dum pli ol 25 jaroj (1973–1999), sed ankaŭ ke aperis la revuo ĉiun duan monaton. Kia laboro, kia – preterdube – sinofero. Dum tiu ĉi periodo *La Brita Esperantisto* renomiĝis pro enhavo lingve kaj teme altkvalita: tial skribis Stefan Maul, la fondinto de *Monato*, ke ‹ne povas esti duboj pri la ĵurnalistaj meritoj de redaktoro William Auld› (en *Lingva Arto*, p. 138).

Sed simple redakti *La Britan Esperantiston* ne kontentigis Auld. Diversmaniere li kontribuis al ĝi, interalie per poemoj originalaj kaj tradukitaj. Kaj, dum la lastaj dek jaroj de sia redaktoreco, per la rubriko ‹Traduku!›, kiu fariĝis unu el la plej popularaj en la revuo. Per ĝi oni esploris – funde –Esperanton, gvidate de prezidinto de la Akademio de Esperanto, poeto unuaranga, tradukanto senrivala; super ĉio, mastro de la ilo, de la stilo esperantaj.

Redakti revuon estas ĝenerale sendanka tasko. Laŭmemore, oni ne sufiĉe dankis al Auld, ne sufiĉe agnoskis lian sindonemon, kiam post kvaronjarcento li redaktis sian lastan numeron de *La Brita Esperantisto*. La nuna volumo, konsistanta el la traduktekstoj, kiujn li profesie, ame, preparis kaj pritraktis, kaj kiu aperas omaĝe al lia 80-a naskiĝdatreveno, espereble montros, ke britaj esperantistoj ne forgesis, kiom ili ŝuldas al Auld. En ofte sendanka mondo, ili per tiu ĉi volumo dankas. Dankegas.

PAUL GUBBINS
redaktoro, *La Brita Esperantisto*
Congleton, Britujo, novembro 2004

NOTOJ POR LA DUA ELDONO

En preskaŭ ĉiu numero de *La Brita Esperantisto* inter 1991 kaj 1999 troviĝis anglalingva teksteto kun invito ĝin esperantigi. Tradukemaj legantoj sendis al William Auld siajn solvojn, kaj en la tuj posta numero la redaktoro prikomentis apartajn vortojn kaj esprimojn, aljuĝis premietojn kaj aperigis elektitan tradukon. Tiu esperantigo estis jen kreaĵo de Auld mem, jen laboraĵo de unu el la partoprenintoj, jen mozaiko el ĉio plej bona.

Preparante ĉi tiun eldonon, ni ŝanĝis malmulton. La libro komenciĝas per la anglaj tekstoj; la solvoj sekvas. En ambaŭ partoj, post la numero de ĉiu tasko vi trovos referencon al la koncerna paĝo en la alia parto. La komentoj de Auld ofte menciis individuajn konkursintojn – kutime per iniciala ĉifraĵo – kaj tion ni plene forigis kiel ne plu gravan. Al kelkaj komentoj ni aldonis en rektaj krampoj ĝisdatigan noteton.

Tiuj, kiuj ne deziras mem tralabori la ekzercaron, tamen eble trovos la verkon utila kiel konsultilon. Tiucele ni kreis indekson pri la vortoj kaj esprimoj dise diskutitaj, kaj pri diversaj aliaj interesaĵoj, kiuj aperas en la tekstoj senkomente. Bonvolu ne uzi ĝin kiel simplan vortaron!

Necesas legi la konsilojn de Auld ĉiam en la kunteksto de la koncerna ekzerco.

Fine, jen – per liaj propraj vortoj – la sinteno de William Auld pri la rubriko:

> La libreto *Traduku!* [unua eldono] estis uzata dum la universitataj kursoj en Sanfrancisko ĉi-somere. Oni faris en la klaso la demandon, ĉu la modela traduko estas efektive la premiita, aŭ ia kombinaĵo de la plej bonaj. Oni tuj rimarkis, ke la komentoj rilate plibonigon ne speguliĝas en la modelaj tradukoj mem. Mi responde klarigis miajn principojn, kiuj baziĝas sur tio, ke mi rigore rifuzas la premison, ke ekzistas iu unusola ‹perfekta› traduko.
>
> Mi neniel deziras papumi, dekreti – tio estus impertinentaĵo. Mi supozas min gvidanto de studrondo, kie oni interesiĝas pri diversaj problemoj kaj alternativoj; mi mem lernis de la aliaj partoprenintoj ion per senescepte ĉiu el la rubrikoj. En la fina analizo ankaŭ gusto ludas rolon. Tro multaj homoj konceptas iun sole ĝustan solvon, iun perfektan tekston – kiu preskaŭ neniam atingeblas. Certe mi ne kapablas liveri tion, malgraŭ pli ol 40 jaroj da traduka sperto! Eĉ

la aljuĝo de premietoj estas suspektinda tiurilate, sed tion mi taksas nur distribuado de libroj, kiujn mi posedas po du (aŭ foje pli!). Oni ne traktu tro serioze nian tamen instruan okupiĝon!

SIMON DAVIES,
EDMUND GRIMLEY EVANS,
ANGELA TELLIER
novembro 2004

EKZERCOJ

1

▶ p. 81

At first I was appalled by these outbreaks of xenophobia. I tried to explain that tempers were short, on account of tourism having overstretched the city's resources. I was surprised to discover that they didn't want to know my excuses. They were pleased to have seen their hosts conform to their national stereotype.

It is supposed to be a no-no in the new Europe to caricature nationalities. But we all do it. We just pick our audiences carefully and make sure the doors are locked before we start talking. All we are doing is letting off steam: as 1992 approaches, it is becoming clear that we are stuck with each other, no matter what we say behind each other's backs.

Why do we get such a kick out of over-simplifying each other? One answer could be that the truth is too complicated to discuss intelligently.

2

▶ p. 83

There is a shortage of teachers because they are not paid enough, because the 'image' of the job is unattractive, and the actuality, with bad discipline and crowded classes, is unpleasant. The shortfall is made up partly by foreign teachers, who are not trained in the National Curriculum and who have cultural and language difficulties with English children. Even among native teachers, there is a mismatch of teacher to subject. Geography or English teachers will take science lessons in secondary schools, because there are not enough science or maths teachers to go round.

Many state school buildings are falling down. There are not enough books or equipment. Although John MacGregor has tried hard for the profession, his bid to the Treasury is not deemed to be politically as urgent as those for NHS reforms or for limiting poll-tax hardship.

The exam standards are probably not (as some people claim) declining: it is true that A-levels are easy, but if you look back to your own day you will find they were easy then as well. But standards are not rising much either. More of our children leave school at 16 than any of their contemporaries in comparable European countries.

3

▶ p. 86

Even if formality turns you off, there is no end of ways to cut down on the mindless labour demanded by the garden. Grass? Either have lots and naturalise all your trees, shrubs and plants like the gardening writer Stefan Buczacki; or have very little, surrounded by sunken brick edging, to make mowing and trimming a doddle. In either case, avoid feeding it more than twice a year – the more you sprinkle, the quicker it grows.

A curved or circular lawn avoids tight manoeuvres and a good power mower is worth its weight in preventable slipped discs. Learn to stop worrying and love the daisies, clover and buttercups which inevitably thrive. If that sounds unbearable, consider an artistic arrangement of stone or brick paving, cobbles and gravel. Remove a brick here, a slab there and plant directly in the gaps and/or in decorative containers. Raised beds are not only chic, they are ideal for frail gardeners and children. People over 5 ft 4 ins tall (however butch) should think of their backs and buy a set of long-handled tools.

4

Even in August, with half its citizens absent and the air so hot that taking a breath braised your liver and lungs, my return to Rome brought the thump of real life to my veins after Campania's debilitating glare. I soaked in its vivid atmosphere: the temples and fountains, the astonishing height of the gimcrack apartments, the arrogance of the sophisticated slaves who barged along the highroad, the drips on my head where my road dived under the gloom of an aqueduct – stale garments and fresh tempers, a sweet tang of myrrh among the sour reek of brothels, a fresh hint of oregano above the old and indelible reek of the fish market. I throbbed with childish delight to be back in these streets I had known all my life; then I grew more subdued as I recognised the sneer of a city which had forgotten me. Rome had lived through a thousand rumours since I left, none of them concerning me. It greeted my reappearance with the indifference of a slighted dog.

5

▶ p. 90

The 1960s are remembered by many as the decade of political revolutions; mostly, they were mere demos. The real revolution was the one which gave the young economic power and a voice, a style and a culture of its own. Its culture celebrated both individuality and egalitarianism. It was both cynical and idealistic; it was instinctively in rebellion against all the old orders and it believed that it could topple them. The young of the Sixties got high on many things but the strongest mood-altering substances of all were optimism and euphoria.

Not a bad place to visit if you're going time-travelling. Fashion loves to time-travel. Nothing conjures a period so potently as its music and its clothes. Fashion revivals are not so much about a paucity of imagination on the part of the designers as a response to society's nostalgia for a safer time or a more glamorous one.

Nostalgic fashion revivals are never, however, quite the television costume drama they at first appear. There are subtle differences because we look back through the prism of our own intervening past. Revivals are, by their very nature, romantic: we appropriate the pretty bits and ignore the unsightly. What we find pretty depends on culture and the current aesthetic.

6

▶ p. 92

Cleopatra is considered the patron saint of older women. «Age cannot wither her, nor custom stale her infinite variety» – as Shakespeare put it, although some might think this harping on age, however complimentary, unnecessary. Did Cleopatra take up every exercise fad, declaring, through gasps, that she had never felt so wonderful?

Those who stay unmoved by grey hairs and wrinkles have all my admiration, but I suspect what they do not have is a beautiful 18-year-old daughter. This is the crux of the matter. Just as the mother feels her shining light fading, she notices a new star approaching. This lucky alien (previously a scruffy schoolgirl) has all the attributes her mother is trying to pretend she hasn't lost or, like the three witches, is battling to retain.

7

▶ p. 95

And what about that nose of his? What a nose it was in the days of our prime. A huge, soaring, razor-sharp Andean buttress of a hooter. A conkpiece to encrust with rubies and emeralds, gild with mother-of-pearl and embellish with slivers of wafer-thin gold from the Spanish Main. A conk fit to set before a booty-sated doge. A positive Bramah of a schnozzle.

Of course, he might be a bit sensitive about it now.

But surely he'd still have pride in those feet of his. Those feet were truly magnificent – twin galleasses of the Sinatra-smooching dance floor, proud longships of intrepid voyages to Bramall Lane, great unsinkable dumb barges of the heaving tap room. On the other hand, they might still niff a bit.

8

A proportion of children become extraordinarily talented while their parents are trying to settle on their next school. 'Gareth plays the tuba nearly as well as the French horn, although piano is his first instrument.' Fay 'spouts Latin in her bath' and Leonard 'thinks he has uncovered an Anglo-Saxon burial ground in our garden'.

However, a proportion of children sink into sloth and iniquity at this all-important staging post of life. Their loving parents, having trailed round half-a-dozen schools with no noticeable enthusiasm from either their gum-chewing progeny or the getting-less-avuncular headmasters, tend to become dispirited. They may confide in friends. 'We listed Toby's deficiencies against his assets and decided he should finish his education in America.' 'Why America?' asks the friend, supposing he's missed a trick. 'It's the other side of the Atlantic,' comes the reply.

9
▶ p. 99

Taiwan's capital is a no-nonsense place whose denizens define their objectives and get from A to B by the fastest available method. Snake Alley, or Hwa Hsi Street, is advertised as a 'tourist market' – but it isn't. Bar mine, the faces watching the cobra's demise were all impassively Taiwanese, many of them waiting to taste the blood-and-bile cocktail held to be so healthy by traditional Chinese medicine. The snake man, meanwhile, tossed finely sliced fillets of cobra over his right shoulder to fry on an impromptu griddle.

Taipei is very Chinese – a lot more so, for example, than Hong Kong. To Western visitors it feels relatively unfamiliar and is hard to get around. Passage by bus or foot is impeded by the calligraphic mysteries of Mandarin, and you're unlikely to find many English speakers among the crowds on the streets.

10

▶ p. 101

Where can one look in Britain today, and not find snobbery rampant? Clothes snobbery now extends to quite young children, who cut one another dead for wearing baseball caps reversed at the wrong angle or Reeboks with tongues of unfashionable length. Teenagers in Ed's Diner direct pitying wine-snob smiles at friends whose Levis are not of the correct vintage, or who commit the incredible solecism of drinking American beer from a glass.

11

It is hard to imagine a more perfect scene, and yet there was something wrong. Ali was staring blankly at the wallpaper on the opposite side of the room. He was trying to get his cornflakes onto his spoon. He was wrestling to get a hold on the spoon and fiddling around in the milk and waiting for a window of co-ordination to appear in his muddled brain so he could shovel his breakfast into his mouth. He was more helpless than a kindergarten child.

Such raw reality in this beautiful setting hits you right in the guts, just like the man's punches used to do.

12

There is, moreover, one master-card we ought to play now, and go on playing relentlessly until it takes the trick. Indeed, it could win us the entire game. The card is language. It is our ace. The one British asset which has not declined in value throughout the 20th century is English.

Against this background, it is ridiculous that some Community documents are still produced, at least initially, only in French, a notoriously imprecise language which favours the abstract over the concrete.

There seems to be a general desire in Europe to move towards closer union. Very well: but who ever heard of a great human community coming into being without possessing, or adopting, a common language? 'I am a citizen of Europe' will never be spoken unless it is said in English.

A federation, or whatever you choose to call it, is difficult to hold together even *with* a common tongue.

Without the cement of a shared language, which implies a vast range of common cultural and emotional assumptions too, it is hard to see one coming into being in the first place.

Hence Britain should press vigorously not merely for English to replace all others as the dominant community language, but for a whole series of provisions in Community law, ranging from teaching in schools and universities to signs and labels, to make all citizens of the EC over, say, a period of 20 years bilingual in English.

13

You be very careful how you fool about with that stuff. Did I ever tell you about poor Buffy Struggles back in 'ninety-three? Some misguided person lured poor old Buffy into one of those temperance lectures illustrated with coloured slides, and he called on me next day ashen, poor old chap – ashen. 'Gally,' he said. 'What would you say the procedure was when a fellow wants to buy some tea? How would a fellow set about it?' 'Tea?' I said. 'What do you want tea for?' 'To drink,' said Buffy. 'Pull yourself together, dear boy,' I said. 'You're talking wildly. You can't drink tea. Have a brandy and soda.' 'No more alcohol for me,' said Buffy. 'Look what it does to the common earthworm.' 'But you're not a common earthworm,' I said, putting my finger on the flaw in his argument right away. 'I dashed soon shall be if I go on drinking alcohol,' said Buffy. Well, I begged him with tears in my eyes not to do anything rash, but I couldn't move him. He ordered in ten pounds of the muck and was dead inside the year.

14

But maybe it was really true, I was really dead. What a wonderful joke. After death, the crossing over, we find neither heaven nor hell, not even happy·hunting, but just more of the same sad, silly life we thought we left behind. Confusion and muddle, disorder and despair.

But just as I worked myself into an alcoholic's glorious and sober self-pity, as we rolled past the shadowy outline of the Wilmot Bar, we popped out of the clouds and into the blinding winter sunlight firing back off the snowfields. I locked all four wheels of the pickup, scrambling in my pockets for the new sunglasses. When I had them on, I saw before me the snow-capped towers of the Cathedrals glistening against a sky as blue as the backside of heaven, the sort of vision that makes you forget tire chains and frostbite, makes you remember why you live in Montana until you die.

15

▶ p. 114

Fahey was satisfied with the temperature in the shower. He paused at the open door. 'That's not what bothers me about Minihan,' he said, 'the little pisspot. It's not that he's Irish. He isn't Irish. Oh, he's got an Irish name, which I presume he inherited from his father. Although there are reports that his mother wasn't really sure who it was that was responsible for the sad event, and took the easy way out by blaming the disaster on the last drunken longshoreman who paid a quarter to have his way with her down at the pier in Chelsea one night when she got lucky and went home with a grand total of two dollars and seventy-five cents for the night's work and her bloomers down around her ankles. Where they usually were when she was working for her meager living, doing the only thing that God gave her the talent to do. And his name may not even've been Minihan, for all she knew. It could have been some two-boater from over in Melrose, down at the docks for the night to steal what articles he could and buy what affection he couldn't obtain from a respectable woman in a marriage bed.'

16

▶ p. 117

I became an *habitué* of the Continent. I discovered that with a smattering of the language, enabling one to venture off the beaten tracks, one could spend a holiday abroad much cheaper than in England. Ten shillings a day could be made to cover everything. Zangwill once told me that he travelled through Turkey in comfort on twenty sentences, carefully prepared beforehand, and a pocket dictionary. A professor of languages I met at Freiburg estimated the entire vocabulary of the Black Forest peasant at three hundred words. Of course, if you want to argue, more study is needed; but for all the essentials of a quiet life, a working knowledge of twenty verbs and a hundred nouns, together with just a handful of adjectives and pronouns, can be made to serve. I knew a man who went to Sweden on a sketching tour, knowing nothing but the numbers up to ten; and before he had been there a month, got engaged to a Swedish girl who could not speak a word of English. Much may be accomplished with economy.

17

▶ p. 120

To be sure it is dark, so dark that the butterflies that should be dancing round my lavender, catmint and marjoram, not to mention the Michaelmas daisies that have fallen for the autumnal weather and are rushing into bloom, those butterflies, I say, are sleeping in their dozens on the brown wallpaper of the upstairs bathroom. The spiders that come in from the creeper in October have pitched their tents indoors already. I imagine I can hear the creaking of their anglepoise limbs as they run on the serrated tips of their dreadfully numerous toes obliquely across the wall to pick off the sleeping tortoise-shells one by one. Normally I would flee howling if I discovered a three-inch moon-walking hairy thing six inches from my bare thigh as I sat peeing; being depressed I just looked at the huge spider and sighed.

18

▶ p. 123

The results are so dreadful that we have got to accept a basic premise: the schools are not working very well. Frankly, I couldn't care less if the boys and girls end up unable to parse a sentence, or add and subtract, or know how to fill out an application for Single-Parent Benefit, were it not for the fact that the more stupid and ignorant the little ones are, the less they are likely to buy my paper or my books, and the poorer, consequently, I shall be. And that the dafter they are, the more likely they are to get up the stick or get some bemused wee lassie up it, resulting in me paying out more money. Or drift into drug abuse, or petty crime, or break into houses, or just be astoundingly bloody boring, fed on a thin slurry of crisps, Coke, telly and false consciousness.

19

▶ p. 126

In the forties, scientists reported that motherless infants in institutions failed to thrive, and suffered from depression. They then added a few cautionary tales about what happens to goslings who fail to bond with Mother Goose and calves who don't get a good post-partum lick down. This had as much to do with humans as egg-laying and cud-chewing, and it dumped steaming piles of quasi-scientific guilt on adoptive parents and parents of sick or premature babies, but it made an impression.

Over the next 30 years *bonding* weaseled it way into the vocabulary of parents, medics and countless other trend-benders and salaried doom-mongers. It was a very powerful idea.

20

Aemilia Fausta was a woman of few ideas, but when she got one she recognised a treasure she might never possess again and she stuck to it. As she weighed in I felt seriously impressed. Tonight she was trussed up in mauve muslin, with her small white bosoms like two cellar-grown mushrooms arrayed in a greengrocer's trug. A castellated diadem sat rock steady on her pillar of pale hair. Bright spots of colour, some of it real, fired her cheeks. Determination to see Crispus made her as sleek and as wicked as a shark on the scent; the chamberlain was soon thrashing with the breathless desperation of a shipwrecked sailor who had spotted an inky fin.

21

▶ p. 130

So far as I could see the village contained only one of these class enemies. Mr Huston lived in one of a string of Victorian villas near the station, which had been built speculatively in an attempt to woo commuters across the new bridge from Edinburgh. He wore a kilt and nailed brogues and had no obvious work outside some honorary position in the Church of Scotland. To the tumbrils with him! But once again my father's private hates failed in the face of individual humanity. During the time that I waited for my father to come home from work and was relieved to find him still alive, we would sometimes meet Mr Huston on the hill. He appeared majestically, kilt swaying, brogues sparking off the street like flintlocks, head up, chest out, bright eyes that took in the Firth and the hills beyond and seemed to say: This is God's own country.

My father would stop, pull up the lid of his cap and lean on the handlebars for a moment.

'Fine night, Mr Huston.'

'Grand night for a walk, Mr Jack.'

We pushed on up with the clicking bicycle.

22

▶ p. 133

Moynihan sees the rise of endless tin-pot rulers, with their snouts in the ethnic American lobby-world. He does not like it, thinks it inevitable, and writes rather nostalgically about the old days. People of different nationality had a common life: he takes the example of a north-Romanian town called Hirlau, but could equally have used, say, Czeslaw Milosz's *Native Soil*, where the various peoples of old Vilna monopolize various professions, and where you use Yiddish for the coach driver, Lithuanian for the maid, Polish for education, and German with the dentist. Nowadays, there is not much chance of that. Even in comfortable Western Europe, absurd fusses are made – especially by the Flemish, against the Walloons, in Belgium. In Brussels suburbs, the law now provides for the breaking of French-language television cables, and if you take the road to France, it is as well to bone up on Flemish names of French towns, because if you have not heard of 'Rijssel' you will miss the city that everyone in the world knows as 'Lille'. Nationalism of this kind now seems to be both contemptible and unstoppable: give it an inch, and it takes a mile.

23

▶ p. 135

Watch children's TV. See the pagan rites of passage which children are now embarking upon. Very young presenters with mad hair talk incessantly to camera and are very plausible indeed. Sometimes TV takes on board an aged chap who purports to be as immature as his audience, looking like Humbert Humbert on marijuana, who takes the piss out of himself, parents, authorities, sense, logic, and literacy. At this point I simply must stop: I am sure I have gone too far.

No I haven't. I haven't gone far enough.

Kiddies' TV does not inform; it communicates in quick flashes which are near-subliminal and the information which is expressed is never questioned by the makers of these programmes.

24

Worse still, the wind had again and again craftily drawn breath each time Kramer had attempted to light a consoling Lucky, and then puffed out his match at precisely the moment the flame reached the tobacco. And even when, after dozens of tries, he finally managed to get a cigarette alight, the wind still had a trick up its sleeve: it made the tobacco combust so fiercely the whole lot was consumed in a fraction of the time it usually took, leaving a very nasty after-taste.

He'd had words with the sea earlier. It had seemed so huge and unreasoning, poised there behind his back, filled with dark mysteries and horrors, showing off its immense strength in breakers that boomed above the shriek of the wind, that he had become not at all sure that it would remain much longer below land level, but might decide tonight was the night for a little slap and tickle among the sexier ladies of Jafini, sparing not a thought for the poor bugger it drowned on the beach on its blundering way there.

'So watch it,' he had warned, 'any more of your nonsense, hey, and I'll come and bloody piss in you! – and that'll change you *worldwide*, you hear?'

(James McClure, *The Song Dog*)

25

▶ p. 142

Far better if we were all to stop minding our own business where young children are concerned: the village nosy-parker who asked youngsters what they were up to and where they were going, the town gossip who kept an eagle eye out for miscreants, the twitching net curtains which signalled that street events were being noted – all played a central role in inhibiting crime, including child abduction. Adults in the past were not afraid to use their authority when something seemed amiss.

But our culture today has privatised the family, intimidated responsible citizens and propagated the view that since there is no wrong – only 'personal preferences' – no one is in a position to be 'judgmental' about anything. For fear of appearing so, we have turned a blind eye even when an informed conscience prompts us to do otherwise.

(Mary Kenny en *The Sunday Telegraph*)

26

If Jean-Paul Sartre is right and Hell is other people then, presumably, Purgatory is where they kennel their dogs. Phyllis Sherman had more or less to dig me out from under an avalanche of salivating beef and bad breath called Faraday, a St Bernard who wore a ketchup bottle where you'd expect to find the traditional brandy keg. Phyllis fetched the brute clouts which would've amounted to aggravated assault had they been directed at a human. '*Far-a-day* (punch punch) STOP IT! (punch punch) Ouf, you brute. Who put this stupid bottle on you? Jason... Jason, come through here at once!' But young Jason, who'd been awaiting Alpine rescue under a pile of 'snow' in the linen cupboard, wisely decided to lie doggoe and let Faraday take his lumps. The St Bernard was eventually condemned to cool it in the cellar for a while though even from there his baying was powerful enough to suggest that he'd the backing of half the Kennel Club. His heavy headbutts on the door threatened an imminent outburst of mangled hinges, flying screwnails and instant sawdust.

(Jeff Torrington, *Swing Hammer Swing!*)

27

▶ p. 148

Xerox photocopying, television, transistors and the disc memory in computers were all developed against specialist advice, and it is arguable that without the stimulus to confound the expert, these discoveries might never have been made. Self-gratification and the excitement of personal endeavour gave us the long-playing record, hovercraft and rockets, holography and tape-recording, all of which were the products of individual minds working in their spare time. And chromium-plating, jet engines, power steering, the helicopter and the ball-point pen were all developed by specialists working without direction from above, which argues against goal-oriented research, itself a new fashion in science policy.

Just how far society depends on the private energies of individuals rather than on the ordered might of the great academic institution can be seen from examples like the lawyer who invented modern photocopying, the safety razor, perfected by a bottle-stopper salesman, the student who invented the gas fridge, the vet who conceived of the pneumatic tyre, the concert musicians who gave us colour photography and the automatic telephone dialling system, invented by an undertaker.

(Brian J. Ford)

28

So he sat in drowsy contemplation of the sea. Far out a shadow would form on the water, like the shadow of a broadish plank, scudding shoreward, and lengthening and darkening as it approached. Presently it would be some hundred feet in length, and would assume a hard smooth darkness, like that of green stone: this was the underside of the wave. Then the top of it would curdle, the southern end of the wave would collapse, and with exceeding swiftness this white feathery falling would plunge and scamper and bluster northward, the full length of the wave. It would be neater and more workmanlike to have each wave tumble down as a whole. From the smacking and the splashing, what looked like boiling milk would thrust out over the brown sleek sands: and as the mess spread it would thin to a reticulated whiteness, like lace, and then to the appearance of smoke sprays clinging to the sand. Plainly the tide was coming in.

Or perhaps it was going out.

(James Branch Cabell, *Jurgen*)

29

▶ p. 153

Doctors are, on the whole, a sober, unimaginative lot. Indeed, in recent years, they have taken to propagating a puritanical view of the world with a missionary zeal. Each of the pleasurable pursuits that give life its flavour and piquancy – alcohol, tobacco (of course), tea, coffee, good food and sex – have all been anathematised in one way or another, implicated as the cause of misfortune, disability and death.

This is all very peculiar, because, by definition, the pursuit of pleasure must be good for us.

Two questions therefore arise. How and why have medical experts tried to show that our pleasurable pursuits are harmful, and, contrariwise, what is the evidence that pleasure is actually good for us?

Central to the distorted emphasis of the experts' pronouncements is the difficulty in measuring the experience of pleasure – exactly how, for example, does champagne ease and amplify the happy occasions of birth and marriage? By contrast, the damage caused by excessive alcohol, leading to cirrhosis of the liver, is readily amenable to statistical measurement.

The upshot is that any health evaluation of the costs and benefits of alcohol is heavily biased in favour of the costs which can be counted, and against the benefits – in terms of the pleasure alcohol gives – which cannot.

(Dr James Le Fanu en *The Sunday Telegraph*)

30

▶ p. 156

She had set herself a new and gigantic task – she had determined to reform the treatment of the British private soldier. A mystical devotion to the British Army had grown up within her. In the troops she found the qualities which moved her most. They were victims; her deepest instinct was to be the defender of victims. They were courageous, and she instantly responded to courage. Their world was not ruled by money, and she detested materialism. The supreme loyalty which made a man give his life for his comrade, the courage which enabled him to advance steadily under fire, were displayed by men who were paid a shilling a day.

She did not sentimentalise the British private soldier. 'What has he done with the £1 – drank it up I suppose,' she scribbled at Scutari. 'He asks us to find a post for his wife,' runs another note; 'he had better say which wife.' Queen Victoria offered to send eau de cologne for the troops, but she said someone had better tell her a little gin would be more popular. She was told one of the wounded wanted company and observed she knew the company he pined for, that of a brandy bottle under his pillow. She was content to accept and love the troops as she accepted and loved children and animals. She called herself the mother of 50,000 children.

(Cecil Woodham-Smith, *Florence Nightingale*)

31

Whenever a wind blew, it seeped through the frames of my hotel window.

But little else entered the hotel. It was a parody of the self-defeated Soviet world which had built it. It reeled across the sky in a cliff of balconies and porticoes. But inside, everything fell to bits. Stone-flagged floors spread a mausoleum gloom through reception and dining-rooms, overcast by fretted ceilings. In the bedrooms nothing worked, but everything – fridge, television, telephone – was represented. My bath might have been designed for a cripple, and the plasterboard furniture, varnished malignant black, was breaking up. Electric wires wandered nomadically about the walls, and a tiny rusted fridge doubled as a bedside table, and sighed disconsolately all night.

(Colin Thubron, *The Lost Heart of Asia*)

32

What called into being all those glitzy, ritzy new classless culture-vultures, those hair-fashion stylists, those priests of the computer, those cookery experts, those dieticians, those instant ten-minute celebrities, those specialists in this and that (but especially in *that*!), those sanitized, austerely-sculpted models whose faces travelled across the globe's glossier and ever glossier newsprints? Those magazine pundits, those trendy swamis, those TV personalities, those hit-and-run satirists (shareholders now!), those Welsh sociologists, those authors of coffee-table books (just add the legs!), those pale interior decorators, those tanned jet-setters, pop megastars (twenty and over the hill!), spy-thriller chroniclers, maestros of the perfume bottle, playboy playwrights, transsexualists, drug-philosophers, acid-rockers, media men, Medean women, permanent partygoers, airline owners, beautiful people who never went to bed alone, and fore-doomed presidents?

What called them into being? When did they shimmer into life?

In the sixties.

(Brian Aldiss, *Billion Year Spree*)

33

▶ p. 164

Thus is our world awash with counselling, support groups, help-lines for every conceivable complaint, both real and imagined – victims, hysterics, poor-little-mes, cries-for-help and dependency addicts forever on the brink of a nervous break-down. I do not by any means exclude myself from this *galère*: when someone suggested to me the other day that I should try Prozac, the 'happiness pill', during a bout of the doldrums, I thought it a most attractive idea. In a more stoic culture, we would hear less of happiness pills and more of robust warnings to pull yourself together and never give in to the weakness of self-pity, let alone consider 'the coward's way out', as suicide used to be called in old novels.

I wonder, by the way, if there is anything in the theory that the collapse of stoicism is all caused by central heating?

(Mary Kenny en *The Sunday Telegraph*)

34

▶ p. 166

It is hard even to conceive of a world as monstrous as Jupiter. It contains more than twice as much matter as all the other planets put together. With eleven times the Earth's diameter and 300 times its mass, nearly 1,400 Earths would fit inside it. And although its tremendous pressures and temperatures are likely to make it always uninhabitable to man, there is a possibility that strange life forms may dwell in its atmosphere.

Nasa's Galileo probe, named after the man who discovered Jupiter's giant moons three centuries ago, will enter the Jovian atmosphere in December at 104,000 mph. It will race downwards into the inferno of ever-thickening clouds of hydrogen, helium, phosphorus and ammonia and will report back on the conditions it finds until, 75 minutes after its entry, it will be crushed by the overwhelming pressure of gases and cease to transmit.

(*The Sunday Telegraph*)

35

▶ p. 169

The desire to see purpose everywhere is a natural one in an animal that lives surrounded by machines, works of art, tools and other designed artifacts; an animal, moreover, whose waking thoughts are dominated by its own personal goals. A car, a tin opener, a screwdriver and a pitchfork all legitimately warrant the 'What is it for?' question. Our pagan forebears would have asked the same question about thunder, eclipses, rocks and streams. Today we pride ourselves on having shaken off such primitive animism. If a rock in a stream happens to serve as a convenient stepping-stone, we regard its usefulness as an accidental bonus, not a true purpose. But the old temptation comes back with a vengeance when tragedy strikes – indeed, the very word 'strikes' is an animistic echo: 'Why, oh why, did the cancer/earthquake/hurricane have to strike *my* child?'.

(Richard Dawkins, *River out of Eden*)

36

▶ p. 172

My first intimation that babies did not arrive in Dr Raven's black bag came at school one day when I was eight years old. It was in Scripture class (as unlikely a place as one can imagine) when an extremely embarrassed teacher read aloud from the Bible, 'And Esau issued forth from his mother's belly.' Fifteen startled pairs of eyes were riveted on her face but she managed to avoid meeting any of them. She was still blushing when the bell rang and 15 little girls shot past her to the cloakroom to examine their navels to find out how Esau got out. Was there a magic button somewhere? A secret formula like 'Open O Sesame'? Did one burst open?

We were caught in this act of self-scrutiny by a prefect who demanded an explanation. Defensively we explained the reason for our curiosity. She was not sympathetic, nor explanatory. She shouted, 'You filthy little beasts! Go back to your classroom!' Hurriedly we obeyed and – without any damage to our psyche – buried the mystery of Esau's exit under a welter of hockey sticks and other games of violence.

(Sheila Thompson en *The Oldie*)

37

▶ p. 175

For my father, what we did, who we became, were incidental to the tenuous fact of our being: *That We Were* seemed sufficient for the poor worried man. The rest, he would say, was gravy.

There were, of course, near misses. After the usual flus, poxes and measles, we entered our teen years in the Sixties. Pat was sucker-punched in a bar fight by a man who broke a beer bottle over his head. Eddie drove off a bridge and crashed his car into the riverbank and walked away unscathed. He told our parents that another car, apparently driven by an intoxicant, had run him off the road. We called it 'Eddie's Chappaquiddick', privy as only siblings are to our brother's taste for beer and cocaine. Julie Ann went through the windshield of a friend's car when the friend drove into a tree and, except for some scalpline lacerations and scars, lived to tell about it. Brigid took too many pills one night in combination with strong drink and what her motivation was remained a mystery for years, known only to my mother. For my part, I fell off a third-storey fire-escape in my third year of college, broke several

Latin-sounding bones, fractured my pelvis and compressed three vertebrae but never lost consciousness.

(Thomas Lynch en *London Review of Books*)

38

▶ p. 177

Fathers, there are vast populations in the world which are dying or doomed to die through famine, under-nourishment and disease; people continue to make war, and will not stop, but rather prefer to send their young children into battle to be maimed or to die; political fanatics terrorize indiscriminately; tyrannous states are overthrown and replaced by worse tyrannies; the human race is possessed of a universal dementia; and it is at such a moment as this, Fathers, that your brother-Jesuit Thomas has taken to screwing our Sister Felicity by night under the poplars, so that her mind is given over to nothing else but to induce our nuns to follow her example in the name of freedom. They thought they had liberty till Felicity told them they had not.

(Muriel Spark, *The Abbess of Crewe*)

39

▶ p. 180

But the first thing we discovered was that the price we got for our scruffy inter-war semi in Palmer's Green would buy us a spacious five-bedroomed detached Edwardian villa in a pleasant part of Rummidge, so that I could have a study of my own for the first time in our married life, looking out on to a lawn screened by mature trees, instead of the bay window of our lounge with a view of an identical scruffy semi across the street; and the second thing we discovered was that Sally and the kids could get to their college and schools with half the hassle and in half the time they were used to in London; and the third thing we discovered was that people were still civil to each other outside London, that shop assistants said 'lovely' when you gave them the right change, and that taxi-drivers looked pleasantly surprised when you tipped them, and that the workmen who came to repair your washing-machine or decorate your house or repair your roof were courteous and efficient and reliable. The superior quality of life in Britain outside London was still a well-kept secret in those days, and Sally and I could hardly contain our mirth at the thought of all our friends back in the capital pitying us as they sat in their traffic jams or hung from straps in crowded commuter trains or tried in vain to get a plumber to answer the phone at the weekend.

(David Lodge, *Therapy*)

40

▶ p. 183

But there are difficulties. In Russian there is no sound or letter *h*, and its absence creates serious problems when foreign words with that sound come into Russian. The use of *g* has been a common solution (hence the Greek poet Gomer, or the composer Gaydn), but now the velar fricative *kh* is frequently being used for a foreign *h*. All in all, Russian has nearly ten unique sounds not represented by a single consonant in the Latin alphabet, and I think that the Russian type fonts used to produce these letters, and the others, are the most beautiful of the European scripts, second only to the sensuous beauty of Arabic calligraphy.

(John A. C. Greppin en *Times Literary Supplement*)

41

▶ p. 185

Setting the table is a gracious art that should not be allowed to die. Whatever anybody says about looks not counting, they most definitely do count when it comes to food. The look of the food itself somehow affects the way it tastes and an elegant or pretty table-setting, depending on the mood of the meal, will help your party off to a good start and maintain the atmosphere right through to the cheese.

If you are slightly nervous about the forthcoming meal (though you have no need to be if you follow our timetables!) a carefully planned table-setting can reassure you. This is the one place where nothing can go wrong at the last minute. You can set the table hours in advance if you wish and, provided you can keep the children out, it will still be perfect when guests arrive – leaving you free to give all your last minute attention to the food.

(*Cooking for Today*)

42

That girls should not marry for money we are all agreed. A lady who can sell herself for a title or an estate, for an income or a set of family diamonds, treats herself as a farmer treats his sheep and oxen – makes hardly more of herself, of her own inner self, in which are comprised a mind and soul, than the poor wretch of her own sex who earns her bread in the lowest stage of degradation. But a title, and an estate, and an income, are matters which will weigh in the balance with all Eve's daughters – as they do with all Adam's sons. Pride of place, and the power of living well in front of the world's eye, are dear to us all – are, doubtless, intended to be dear. Only in acknowledging so much, let us remember that there are prices at which these good things may be too costly.

(Anthony Trollope, *Framley Parsonage*)

43

How strange it is that man's finest aspirations, dirty little animal that he is, his finest action also, his great and unselfish heroism, his constant daily courage in a harsh world – how strange that these things should be so much finer than his fate on earth. That has to be somehow made reasonable. Don't tell me that honour is merely a chemical reaction or that a man who deliberately gives his life for another is merely following a behaviour pattern. Is God happy with the poisoned cat dying alone in convulsions behind the billboard? Is God happy that life is cruel and that only the fittest survive? The fittest for what? Oh no, far from it. If God were omnipotent and omniscient in any literal sense, he wouldn't have bothered to make the universe at all.

(Raymond Chandler, *Playback*)

44

Our sometime constable, the tipsiest of parish officers, of blacksmiths, and of men, is dead. Returning from a revel with a companion as full of beer as himself, one or the other, or both, contrived to overset the cart in a ditch (the living scapegrace is pleased to lay the blame of the mishap on the horse, but that is contrary to all probability, this respectable quadruped being a water-drinker); and inward bruises, acting on inflamed blood and an impaired constitution, carried him off in a very short time, leaving an ailing wife and eight children, the eldest of whom is only fourteen years of age. This sounds like a very tragic story; yet, perhaps because the loss of a drunken husband is not quite so great a calamity as the loss of a sober one, the effect of the event is not altogether so melancholy as might be expected.

(Mary Russell Mitford, *Our Village*)

45

▶ p. 196

You may ask, who cares? What on earth does it matter what language was spoken by long-dead people? As Hamlet asked of the player: 'What's Hecuba to him, or he to Hecuba, that he should weep for her?' So at first one might think. But language and identity are closely linked and there are few things more personal than the language one speaks. Indeed language and national identity are today very widely equated. One's 'ethnic' affinity is often determined much more by language than by any identifiable physical characteristics, and elections are won or lost by Flemish and Walloons, bombs detonated by Welsh nationalists and Basque separatists, and massacres perpetrated in many parts of the world – most recently in Sri Lanka – on the basis of distinctions which are linguistic and cultural more than anything else.

(Colin Renfew, *Archaeology and Language*)

46

When Venetian-born Giacomo Casanova was 11, he attended a gathering with his mother at which an English visitor quoted a Latin epigram: *'Discite grammatici cur mascula nomina cunnus / Et cur femineum mentula nomen habet.'* ('Teach us, grammarians, why *cunnus* (vagina) is a masculine noun / and why *mentula* (penis) is feminine.') After a little thought, Giacomo provided the answer in a perfect Latin pentameter: *'Disce quod a domino nomina servus habet.'* ('It is because the slave takes his name from his master.') The Englishman embraced the astounding boy several times and gave him his watch. It was this occasion, Casanova writes, that sowed in him the desire for literary fame. In the same year, 1736, he lost his virginity. The two dominant chords in his life had been struck.

Giacomo would like to have specialised in medicine; in modern times he might have become a gifted – if somewhat raffish – psychoanalyst, for he was fascinated by people's motivations and evasions.

(D. M. Thomas en *Observer Review*)

47

▶ p. 202

The track of Diana's history is a movement away from impotence towards power, from a suppression of hurt towards its expression, and towards an integration of personality in which the mobilising force was her own innate courage. There were no landmarks here and her stepping out into that unmarked territory resonated for the simple reason that so many of her challenges were shared by the rest of the modern world. The search for self-esteem, the way in which self-loathing clings on doggedly for year after year, the need for a sense of authenticity and purpose: these are all things to which the age itself was alive. Not that one should depict her as too sombre or responsible. She loved a good time and was perfectly capable of behaving badly, of poking people in the Royal Enclosure at Ascot with an umbrella, or simply baiting the Establishment. But these, too, were symptoms of the predicament.

(*The Sunday Telegraph*)

48

I did not like to think then how bad their clothes, their whole circumstances, were: it is not, indeed, a pleasant subject. They were with us, swinging along while the women and old men cheered, in that early battalion of Kitchener's New Army, were with us when kings, statesmen, general officers, all reviewed us, when the crowds threw flowers, blessed us, cried over us; and then they stood in the mud and water, scrambled through the broken strands of barbed wire, saw the sky darken and the earth open with red-hot steel, and came back as official heroes and also as young-old workmen wanting to pick up their jobs and their ordinary life again; and now, in 1933, they could not even join us in a tavern because they had not decent coats to their backs. We could drink to the tragedy of the dead; but we could only stare at one another, in pitiful embarrassment, over this tragicomedy of the living, who had fought for a world that did not want them, who had come back to exchange their uniforms for rags. And who shall restore to them the years that the locust hath eaten?

(J. B. Priestley, *English Journey*)

49

▶ p. 207

A ship moved in slow constellation down river. Two drunk men remembered each other outside the British Legion. The Glasgow train emitted steam and smoke and made sigh. Cats glided as birds, headless and safe, slept. Policemen metronomed their beats. Television blue grottoes. Close coupled courters. Owls riddled the cemetery with hoots. The guard whistled and the train overcame its inertia. It chuffed and smoke lifted, dissolving. A few shards cleared Bruce Street and cleared the waste ground. They swirled over the old graveyard and moved, dwindling, across the graves. A rind of moon silvered their brief dance. For Moseby glancing in, they were almost visible. He stopped and looked in. The tombstones were black against a pale ground. Eschatologies. He stood until a shiver touched him and moved him on.

(Alan Sharp, *A Green Tree in Gedde*)

50

You get better prices if you don't squash clothes into black bin liners but once you've filled four suitcases and the bed is still piled high with sports clothes, shirts, slips, nighties, briefs, bras, tights, socks, shoes, tuxedos, anoraks, pyjamas, macks, pullovers, etc. etc., then you haven't any option but to use them. By mid-afternoon a dozen bin liners were lined up in the hall, together with a large battered brown leather suitcase which had belonged to Peter and three nearly as large, but lighter in weight and colour, which had been used mainly by Lisa. Sally wondered about the ones that had been incinerated on holiday. They had probably held a couple of thousand quid's worth, too, plus any jewellery they'd had with them.

Sally stopped smiling and sighed.

Being dead was a terrible waste of effort. You gathered up all this stuff and then – wham – you weren't around any more to enjoy it.

(B. M. Gill, *The Fifth Rapunzel*)

51

▶ p. 213

February is certainly not a warm month; but with the rich it is generally a cosy, comfortable time. Good fires, winter cheer, groaning tables, and warm blankets, make a fictitious summer, which, to some tastes, is more delightful than the long days and the hot sun. And some marriages are especially winter matches. They depend for their charm on the same substantial attractions. Instead of heart beating to heart in sympathetic unison, purse chinks to purse. The rich new furniture of the new abode is looked to instead of the rapture of a pure embrace. The new carriage is depended on rather than the new heart's companion; and the first bright gloss, prepared by the upholsterer's hands, stands in lieu of the rosy tints which young love lends to his true votaries.

(Anthony Trollope, *Dr Thorne*)

52

▶ p. 215

Damp rotten houses, many to let, many yet building, many half-built and mouldering away – lodgings, where it would be hard to tell which needed pity most, those who let or those who came to take – children, scantily fed and clothed, spread over every street, and sprawling in the dust – scolding mothers, stamping their slipshod feet with noisy threats upon the pavement – shabby fathers, hurrying with dispirited looks to the occupation which brought them 'daily bread' and little more – mangling-women, washer-women, cobblers, tailors, chandlers, driving their trades in parlours and kitchens and back rooms and garrets, and sometimes all of them under the same roof – brick-fields, skirting gardens paled with staves of old casks, or timber pillaged from houses burnt down and blackened and blistered by the flames – mounds of dock-weed, nettles, coarse grass and oyster shells, heaped in rank confusion – small dissenting chapels to teach, with no lack of illustration, the miseries of Earth, and plenty of new churches, erected with a little superfluous wealth, to show the way to Heaven.

(Charles Dickens, *The Old Curiosity Shop*)

53

▶ p. 219

In the same issue, the writer Lisa Appignanesi tells how, while surfing the Internet, she found an advertisement for an amazing gadget, a device that is easy-to-use, requires no electricity, fits in your pocket, and may be accessed in an instant. Each sheet of this technological miracle 'is scanned optically, registering information directly into your brain. A flick of the finger takes you on to the next sheet. The "browse" feature allows you to move instantly to any sheet, and move forward or backward as you wish. Many come with an "index" feature, which pinpoints the exact location for instant retrieval.'

[Nedeviga aldono. Kiuj kuraĝuloj sukcesos traduki la suban frazon?]

'Users can even take notes next to text entries with "optional programming tools, Portable Erasable Nib Cryptic Intercommunication Language Styli", known as PENCILS for short.'

(*Times Literary Supplement*)

54

Namby Pamby Rumpy Pumpy

You knew *Sex and the City* (Wednesday, Channel 4) had flopped when one of the characters asked to visit the ladies' room. Never was there a more awkward discrepancy between style and content. There may be women in New York who still visit the ladies' room. But they must be knocking 80 by now. In the mouth of a modern New Yorker, a tigress of the sexual jungle, the phrase was ludicrous. These women might be man-eaters in bed but, when nature called, they became ladies again.

The coyness was doubly irritating because this was meant to be a ground-breaking series, the first 'adult' American sitcom to reach our shores. It would stagger us with its frankness. Subjects would be discussed on television which had been taboo since the Pilgrim Fathers. No part of the anatomy would be neglected, no sexual deviation ignored. Mutiny was in the air.

(*The Sunday Telegraph*)

55

To a non-Gaelic speaker such as myself, much of it was mind-numbingly boring. Flocks of middle-aged women shoe-horned into 1950s fashions butchered beautifully simple Gaelic airs into fussy arrangements in the hope of catching the attention of judges so dour that their gaze would have soured milk. Self-righteous church elders sang, wearing the prescribed look of daft surprise while grasping their wee sporrans as if for comfort.

Other events in the pubs and bars stretched out along the blustery sea front were pure magic. Immensely dignified Hebrideans sang exquisite songs of love written by Gaels who probably died without ever having heard English spoken. Immaculately turned-out children with the faces of angels were stood on bar stools to lilt with voices so pure and innocent that they could have matched anything heard at Canterbury.

56

The studio was filled with the rich odour of roses, and when the light summer wind stirred amidst the trees of the garden, there came through the open door the heavy scent of the lilac, or the more delicate perfume of the pink-flowering thorn.

From the corner of the divan of Persian saddle-bags on which he was lying, smoking, as was his custom, innumerable cigarettes, Lord Henry Wotton could just catch the gleam of the honey-sweet and honey-coloured blossoms of a laburnum, whose tremulous branches seemed hardly able to bear the burden of a beauty so flame-like as theirs; and now and then the fantastic shadows of birds in flight flitted across the long tussore-silk curtains that were stretched in front of the huge window, producing a kind of momentary Japanese effect, and making him think of those pallid jade-faced painters of Tokio who, through the medium of an art that is necessarily immobile, seek to convey the sense of swiftness and motion.

(Oscar Wilde, *The Picture of Dorian Gray*)

ANALIZOJ

1

◀ p. 23

I was appalled by Angla pasivo, elekto inter tri konstruoj: laŭvorte *mi estis konsternita* (*pri, pro, per?*); aŭ *mi konsterniĝis* (*pri, pro*); aŭ *konsternis min*. La plimulto elektis (prave, laŭ mi) la lastan. (Anstataŭ *konsternis*: *ĉagrenegis, agacis, ŝokegis*.)

xenophobia Ĉu *ksenofobio* aŭ *fremdofobio?* La dua ŝajnas al mi, kaj al plimulto, preferinda, pro tio, ke ĝi estas sinklariga ankaŭ ekster klerulaj eŭropaj rondoj.

tempers were short Malfacile esprimebla. Plimulto uzis tiun aŭ alian formon de *(ek)koleriĝ(em)o*. Plaĉis al mi *koleremo facile aktiviĝas*.

overstretched Plimulto uzis *trostreĉis*; tamen mi preferus *troŝarĝis*. Mi salutas du belajn reverkojn: *la alfluo de turistoj superas la urbajn akceptopovojn*; *turismo jam postulis tiom da rimedoj de la urbo, ke pro tio oni facile ekkoleriĝas*.

didn't want to know Kompreneble *ne volis scii* (*aŭskulti, agnoski, aŭdi*), sed pli sukis *miajn senkulpigojn ili flankenbalais*. Ankaŭ *malemis informiĝi*.

stereotype Notu bone, ke eblas ankaŭ *ŝablono!*

a no-no Diversforme oni *rajtis, akceptis, permesis*; kaj la konduto ankaŭ *ne konvenis*. Por iu partopreninto estis *tut-tabue*, por alia estis *tabuo*, dum tria taksis ĝin nur *iom tabue*. Trafis *maljeso senrezerva*.

nationalities Estas interese, ke iu tradukis «nationalities» per *ŝtataneco*. Tio estas speco de politika deklaro; tamen estas sendube, ke mia ŝtataneco, ekzemple, estas brita, sed mia nacieco estas skota (ne malofte karikaturita!).

audiences En la kunteksto futuraj: *aŭskultontoj*.

letting off steam Deko da proponoj, ĉiuj saĝaj. Trafa ŝajnas al mi *ellasas internan premon*.

stuck with each other Kiom da tradukoj, tiom da proponoj! Mi preferas *nedisigeble ligitaj*, aŭ *vole-nevole kunligitaj*.

get such a kick out of El ĝenerale iom plataj proponoj kontentigis min nur *stimuliĝas*.

★ ★ ★

Ŝokegis min, komence, ĉi tiuj eksplodoj de ksenofobio. Mi provis klarigi, ke homoj iĝis tre kolerpretaj, ĉar turismo trostreĉis la urbajn rimedojn. Mi surpriziĝis, trovante, ke ili malemis informiĝi pri miaj ekskuzoj. Ili estis kontentaj, ĉar iliaj gastigantoj konformis al la nacia stereotipo.

Konvencie, estas tut-tabue, en la nova Eŭropo, karikaturi naciojn. Sed ni ĉiuj faras tion. Ni nur elektas niajn aŭskultontojn zorge, kaj kontrolas, ĉu la pordoj estas ŝlositaj, antaŭ ol ni ekparolas. Ni nur fajfigas nian vaporon tra savoklapo; dum 1992 alproksimiĝas, montriĝas klare, ke ni estas vole-nevole kunligitaj, kion ajn ni diru unu pri la alia postdorse.

Kial tia plezuriĝo, kiam ni trosimpligas unu la alian? Nu, ebla respondo estas, ke la vero estas tro kompleksa, por inteligenta diskutado.

Traduko de partopreninto

2

◀ p. 24

shortage Oni emas uzi *mank-*; tamen *nesufiĉo* kaj precipe *malabundo* estas kuntekste pli precizaj.

image Renomo, *prezentbildo, bildaĵo, publika imago pri la metio, efekto, publika koncepto, bildo, imagita bildo, ŝajno, mensbildo, figuro, publika impreso* – jen kiel diverse solvis tiun ĉiutagan terminon niaj partoprenintoj – pli-malpli akceptinde! Tamen ĉi-foje mi volas modeste proponi mian propran solvon. Laŭ mi, «image» estas tia, kia vi estas, aŭ celas esti, vidata; kaj sekve ĝin tradukas la bela esperanta vorto *vidateco* (komparu la zamenhofan *obeoteco* = «authority»).

unattractive Gratulon al unu partopreninto pro la nekutima *malĉarma*.

actuality *Realaĵo, realeco, etoso, efektivo, vera situacio, praktiko,* kaj eĉ *aktualaĵo*; elektu laŭguste.

shortfall *Nesufiĉo* (denova!) logis la homojn, sed ŝajnas al mi, ke la *deficito* de unu el vi estas ĝusta.

National Curriculum Du trionoj nomas ĝin *Nacia Instruplano*, sed kiel kutime ne mankas sinonimoj: *studplano, studprogramo, studtemaro, lernprogramo*. Plezurigis min ies *Tutlanda* (anstataŭ *Nacia*) – sed fakte la Instruplano ne estas tutlanda, ĉar en Skotlando ĝi malsamas, do ĉi-foje *Nacia* pli ĝustas!

secondary school Ni konfesu, ke la nomado de lernejoj, internacie, estas iom ĥaosa. La francoj havas siajn liceojn, la germanoj siajn gimnaziojn. Kaj la britoj? Ili havas siajn duagradajn lernejojn – kio ĉiam por mi alportas nuancon de duarangeco! Internacie la plej akceptata termino estas *mezlernejo* (vidu PIV).

falling down Sed nur metafore! Do ili kaduk(iĝ)as.

Treasury La preciza traduko de «Treasury» estas *Fisko*; tamen komprenebble same validas *Ŝtatkaso*.

NHS La literoj «NHS» ne estas internacie validaj; necesas traduki kiel *(ŝtata) sanservo*.

poll-tax Estas tre interese, ke la kromnomo «poll-tax» grandparte forgesigas al ni la ĝustan «community charge». Fakte, nur unu partopreninto preferis *komuna (ĉiukapa) imposto*, kvankam *ĉieskapa* ŝajnas al mi malpli ambigua!

A-levels Ŝajnas al mi, ke la esprimo *A-nivelaj ekzamenoj* estas internacie komprenebla.

standards Normoj.

★ ★ ★

Instruistoj mankas, ĉar ilia salajro ne sufiĉas, ĉar la «ŝajno» de la profesio ne allogas, kaj ĉar la praktiko, kun malbona disciplino kaj tro plenaj klasĉambroj, estas malagrabla. La mankon parte plenigas eksterlandaj instruistoj, kiuj ne estas trejnitaj pri la Nacia Instruplano kaj havas kulturajn kaj lingvajn malfacilaĵojn kun Anglaj infanoj. Eĉ inter enlandaj instruistoj estas misparigo de instruistoj al fakoj. Instruistoj pri geografio aŭ la Angla ofte donas lecionojn pri scienco en mezgradaj lernejoj, ĉar ne estas sufiĉe da instruistoj pri scienco aŭ matematiko por plenigi la lokojn.

Multaj ŝtatlernejaj konstruaĵoj kadukiĝas. Libroj kaj aparataro malsufiĉas. Kvankam *John MacGregor* penis helpi la profesion, lia peto al la Fisko ne estas opiniata politike tiom urĝa kiom tiuj por reformoj en la *NHS* (Ŝtata Sansistemo) aŭ tiuj por limigi la suferojn kaŭzitajn de la kapimposto.

Ekzamenniveloj verŝajne ne estas falantaj (spite al la pretendoj de kelkaj homoj): Estas vere, ke la A-nivelaj ekzamenoj estas facilaj, sed, se vi retrorigardos al via tempo, vi trovos, ke ili estis facilaj ankaŭ tiam. Sed niveloj ankaŭ ne multe plialtiĝas. Pli da niaj junuloj forlasas la lernejon kun 16 jaroj ol iliaj samaĝuloj en iu alia komparebla lando en Eŭropo.

Traduko de partopreninto

3

shrub Ŝajnas al mi (kaj Butler), ke *arbusto* kaj *arbedo* estas praktike sinonimaj. [Laŭ PIV 2020, *arbedo* estas evitinda.]

trim Oni *stucas* arbojn kaj heĝojn: ĉu same oni traktas herbon? Mi dubas. Preferindas ĉi tie *netigi*.

avoids Ne *evitas*, sed *evitigas* (aŭ *nenecesigas*).

to love *Ami* kaj *amu* ambaŭ korektas (studu la nuancan diferencon).

stone paving, cobbles Kiel distingi? Mi opinias: *ŝtonaj pavimeroj*; *ŝtonbuletoj*.

gaps *Breĉoj* prefere ol *truoj*.

5 ft 4 ins Interese, 5 partoprenintoj el 7 metrigis la mezuron, 1 lasis «imperie». Nur unu agis vere prudente: li tradukis imperie, sed aldonis metran ekvivalenton inter krampoj.

butch Trafaj proponoj: *virorgojlaj*; *karnopavaj*; *viraspektecaj*.

★ ★ ★

Eĉ se formaleco vin malinstigas, senfinaj estas la rimedoj por redukti la malpensigajn labortaskojn farendajn en la ĝardeno. Herbo? Aŭ havu multon, naturigante ĉiujn viajn arbojn, arbustojn kaj plantojn same kiel la priĝardena verkisto Stefan Buczacki, aŭ havu tre malmulton, ĉirkaŭitan de engrunda brikrando por igi naivula tasko la tondadon kaj netigon. Elektinte kiun ajn, nepre ne nutru ĝin pli ol dufoje jare – ju pli vi aspergos, des pli rapide ĝi kreskos.

Kurba aŭ rondforma razeno nenecesigas malvastajn manovrojn, kaj bona motorizita tondmaŝino valoras sian pezon en preventeblaj diskaj hernioj. Lernu ne plu maltrankviliĝi kaj amu la lekantetojn, trifoliojn kaj ranunkolojn, kiuj nepre prosperas. Se tio ŝajnas netolerebla, konsideru artan aranĝon de ŝton- aŭ brik-pavimo, ŝtonbuletoj kaj gruzo. Forprenu jen brikon, jen pavimeron, kaj plantu rekte en la breĉojn kaj/aŭ en ornamajn ujojn. Altigitaj bedoj estas ne nur ŝikaj, sed ankaŭ idealaj por malfortaj ĝardenistoj kaj infanoj. Personoj pli ol 5 futojn 4 colojn altaj (kiom ajn maskle fortegaj) devus atenti pri la dorso kaj aĉeti kompleton de longstangaj iloj.

Traduko de partopreninto

4

◀ p. 26

with half its citizens absent... my return... brought the thump Kiel trakti gramatikan eraron en la originalo, ĉu korekti aŭ eviti ĝin? Ŝajnas al mi, ke oni apliku la Oran Regulon: «Traduku ne laŭvorte, sed laŭsignife.» La signifo (t.e. la aŭtora intenco) de la angla frazo estas klara, sekve oni devas redoni en traduko tiun signifon, sen gramatika eraro en Esperanto, ĉar la gramatika eraro per si mem ludas neniun pozitivan rolon en la originalo. Kompreneble, se gramatika eraro en la originalo estas intenca parto de la signifo, oni devas redoni ĝin. Ekzemple en la dramo *A Phoenix Too Frequent* de Christopher Fry, la servistino Doto kelkfoje montras sian kleromankon per eraretoj: «Demons is so much wind. Are so much wind.» Tion mi redonis en mia traduko per: «Demonoj estas nuran ventajon. Nura ventajo.»

soak in La angla estas ambigua. Ĉu temas pri la transitiva «soak in» (*ensorbi*), aŭ la netransitiva «soak» (*trempiĝi en*)? Kvankam mi emas al la unua, mi ne povas pruvi mian preferon.

vivid El diversaj proponoj plaĉas al mi *vivarda*.

gimcrack La kutima traduko estas *tombaka*, kaj eble ankaŭ ĉi tie. Alie oni havas problemon, kiun unu

partopreninto kuraĝe frontas: *pretendemaj, false grandiozaj*; tamen...
    sophisticated Aŭ *malnaivaj* aŭ *mondumecaj.*
    tempers Denove tiu problemo! Eble *koleriĝemaj humoroj.*
    reek *Haladzo,* ĉu ne?

★ ★ ★

Eĉ dum aŭgusto, kiam duono de ĝia loĝantaro forestis kaj la aero estis tiom varmega, ke enspirado stufis la hepaton kaj pulmojn, mia reveno al Romo igis miajn vejnojn bategi per reala vivo post la malfortiga brilego de Campania. Mi trempiĝis en ĝia viva etoso: la temploj kaj fontanoj, la miriga alteco de la malsolidaj apartamentoj, la aroganteco de la malnaivaj sklavoj, kiuj puŝegis laŭ la ĉefstrato, la gutoj sur mia kapo tie, kie mia vojo plonĝis sub la mallumon de akvedukto – malfreŝaj vestaĵoj kaj freŝaj humoroj, dolĉakra gusto de mirho inter la acida odoraĉo de bordeloj, freŝa nuanco de origano super la malnova kaj neforigebla haladzo de la fiŝbazaro. Mi pulsegis je infana ravo, estante denove en tiuj ĉi stratoj, kiujn mi konis dum mia tuta vivo; poste mi iom malfervoriĝis, rekonante la rikanon de urbego, kiu min forgesis. Romo estis travivinta mil onidirojn, post kiam mi foriris – neniu el ili pri mi. Ĝi salutis mian reaperon per la indiferenteco de malrespektita hundo.

Traduko de partopreninto

5

demos Manifestaci(et)oj, sed ankaŭ *protestparadoj*.

real Interese, ke neniu tradukis per *reala*, sed preferis *vera* aŭ *efektiva*.

gave the young La *liveris junularen* de unu partopreninto estas sprita, sed bedaŭrinde oferas la klaran tujkomprenon.

celebrated Ekzaltis; festis; honoris; gloris; celebris. Nur la lasta estas iom dubinda, ĉar ĝi implicas «religian karakteron».

cynical La ĝusta traduko estas *skeptika* (= dubanta pri la vereco de io) kaj ne *cinika* (= senhonte maldeca). Kulpas la angla lingvo, kies parolantoj jam delonge misaplikas tiun vorton.

both... and Tute ne plaĉas al mi la traduko *kaj... kaj*, kiu estas nek logika nek unuaimprese klara. Alternativoj ekzistas: *samtempe skeptika kaj idealisma*, aŭ *kiel skeptika, tiel ankaŭ idealisma*.

the old orders Kiom el vi rimarkis la – konfesinde jam kliŝan – aludon al verso de Tennyson: «The old order changeth, yielding place to new»? Ha, kulturo! Tradukante, mi sentas neceson precizigi: *sociordoj*, ĉar *ordo* jam havas tro da signifoj.

topple *Renversi* aŭ *faligi* estas normalaj, sed *desokligi* ege plaĉas.

got high Kion ĝi efektive signifas? Kelkaj pensis pri ebriiĝo aŭ haluciniĝo; tamen pli preciza en la kunteksto ŝajnas al mi *ekstaz(iĝ)is*.

mood-altering *Humorŝanĝaj* certe eblas, sed ĉar temas pri la tuta junularo verŝajne *etoso-ŝanĝantaj* estas pli ĝusta.

fashion Ĉi tie necesas artikolo: *la modo*.

imagination Mi insistas, ke la ĝusta traduko estas *fantazio* (= krea imagipovo), apud kiu *imagpovo* mem efikas plate kaj senkolore. La angla vorto kompreneble esprimas ambaŭ kapablojn.

designers Kvankam britoj foje sentas mankon de *design*-ekvivalentoj en Esperanto, mi opinias, ke la vorto *projektistoj* tute korekte tradukas tiun ĉi ekzemplon.

a safer time Koran dankon al iu partopreninto pro la bela *iamo pli sekura*!

glamorous Neniu superis la tradukon *rave eleganta*.

subtle *Subtilaj*, sed ankaŭ *nuancaj*.

romantic Trafa estis ankaŭ *idiliaj*.

current *Aktuala* preferindas ol *nuntempa*.

La jarojn 60-ajn memoras multaj kiel la jardekon de politikaj revolucioj; plejparte, ili estis nuraj manifestacioj. La efektiva revolucio estis tiu, kiu donis al la junularo ekonomian potencon kaj voĉon, stilon kaj kulturon proprajn. Ĝia kulturo festis kaj individuecon kaj egalrajtismon. Ĝi estis kaj skeptika kaj idealisma; ĝi esence ribeladis kontraŭ ĉiuj antaŭaj sociordoj kaj ĝi kredis, ke ĝi povas renversi ilin. La junularo de la sesdekoj ekstaziĝis de multaj aĵoj, sed la plej potencaj etosŝanĝantoj estis optimismo kaj eŭforio.

Ne malvizitinda se oni faras tempovojaĝadon. La modo ŝategas tempovojaĝadi. Nenio elvokas epokon tiel potence kiel ties muziko kaj vestaro. Modrevivigoj ne tiom temas pri fantaziomanko de la desegnartistoj, kiom ili respondas al socia nostalgio por tempo pli sekura aŭ pli sorĉa.

Nostalgiaj modrevivigoj neniam estas, tamen, ĝuste la televidaj kostumdramoj, kiuj ili komence ŝajnas. Estas subtilaj diferencoj ĉar ni retrorigardas tra la prismo de nia propra intervena pasinteco. Revivigoj estas proprakaraktere idiliaj: ni proprigas la beletajn erojn kaj ignoras la aĉaspektajn. Kion ni trovas beleta dependas de la kulturo kaj la aktuala estetiko.

Traduko de partopreninto

6

age cannot wither her... La citaĵo (el *Antonio kaj Kleopatro*) estas poezia (ampleksanta verson kaj duonon). Ĉu la traduko ne devas almenaŭ efiki poeziece? La mencio de Ŝekspiro – ne Ŝejkspiro! – kvazaŭ trudas tiun devon.

Iam oni petis de mi kritikon pri traduko el Goethe; mia kritiko tekstis jene: «Per tiu ĉi traduko, kiom ajn fidela al la enhavo, ne evidentiĝas, ke Goethe estis poeto grandioza; disŝiru ĝin», aŭ simile. Estus nerealisme postuli en la nuna cirkonstancaro, ke oni traduku per egala nombro da jamboj, sed ni almenaŭ trasentu, ke temas pri poeziaĵo. Ĉiuj ricevitaj tradukoj estis kontentigaj, sed al mi plej plaĉas *aĝo ne povas ŝin velkigi, nek kutimo malfreŝigi ŝian senliman variecon*, kion same proponis iu alia sed kun *maljuneco* anstataŭ *aĝo*. Por kompreni mian vidpunkton, komparu tion kun la jena – tute korekta, eĉ pedanta – versio: ... *familiareco ne povas banaligi ŝian senliman multfacetecon*.

fad *Furoro, kaprico, manieto.*
gasps *Anheloj, spirspasmoj.*
wonderful *Mirinda* per si mem ne sufiĉas. En tiu ĉi kunteksto, kion ĝi esprimas? *Bonstata* aŭ *bonfarta*. *Ŝi neniam sentis sin tiel mirinde bonfarta.*
unmoved *Aplomba, senemocia, nekonsternita, senĝena*. Kvankam mi tre amas kunmetitajn vortojn, mi tamen opinias, ke *nemaltrankviligita* jam estas iomete tro.
what they do not have Kelkaj opinias tion nenecesa (*ke ili ne havas*), sed mi malkonsentas. Krom la evidenta *tio, kion ili ne havas*, eblas ankaŭ la bela *kio mankas al ŝi*.
the crux of the matter Ĉiuj krom unu trafis la kutiman ekvivalenton: *la kerno de la afero*. La escepto proponas *la nodo de la afero*, kiu estas interesa varianto.
fading *Estingiĝas, malfortiĝas, paliĝas, velkas.*

alien Kvankam la plej ofte uzita *fremdulino* certe uzeblas, tamen ambaŭ vortoj («alien» kaj *fremdulino*) havas nuancojn, kiuj iom apartigas ilin. Pro tio mi ŝatis la *entrudiĝantino* de iu partopreninto. *Aliino*, kvankam interesa, samkiel *fremdulino*, ne donas precizan ekvivalenton.

scruffy *Maleganta, malorda* (prefere ol *senorda*).

attributes La difinoj en PIV hezitigas min pri uzo de *atributoj* laŭ tiu ĉi senco (t.e. rilate al personoj). Oni pravas, laŭ mi, uzinte *ecoj*.

★ ★ ★

Kleopatron oni konsideras la patrona sanktulino de pliaĝulinoj. «La aĝo ne povas velkigi ŝin, nek kutimo malfreŝigi ŝian senfinan diversecon» – kiel esprimis Ŝekspiro. Tamen iuj eble opinius ĉi tiun gurdadon pri aĝo, kiom ajn komplimenta, nenecesa. Ĉu Kleopatro alprenis ĉiun ekzercmanieton, deklarante dum spasma spirado, ke ŝi neniam sentis sin tiom mirinde bonstata?

Tiujn, kiuj restas nekonsternitaj de grizaj haroj kaj sulketoj, mi centprocente admiras, sed mi suspektas, ke tio kion ili ne havas estas bela **18**-jaraĝa filino. Jen la kerno de la afero. Ĝuste kiam la patrino sentas sian brilantan lumon paliĝi, ŝi rimarkas alproksimiĝi novan stelon. Ĉi tiu bonŝanca fremdulino (antaŭe hirta lernejanino) havas ĉiujn tiujn atributojn, kiujn la patrino penas ŝajnigi ne perditaj, aŭ, kiel la tri sorĉistinoj, strebas reteni.

Traduko de partopreninto

7

◀ p. 29

Jes, la tasko estis treege malfacila. Efektive la lingvaĵo de la originalo estas tia, kian multaj homoj – ne esperantistoj kompreneble! – volus taksi «netradukebla». Nu, valoras la penon.

hooter, conkpiece, conk, schnozzle Mi anticipe elektis miajn proprajn sinonimojn *ronkilo, mukujo, flarilo, rostro,* kaj sidiĝis por atendi viajn proponojn. Nu, el la miaj tri reaperis, krome (ekzemple) *flartubo, spirilo, snufilo, elkonka trumpeto, muzelo, bekego.* Pluraj allogiĝis al *konk-*, ĉar la angla «conch» signifas interalie «konko uzata kiel trumpeto», do eble praviĝas. Eble pro personaj kialoj, tamen, konko por mi pli pensigas pri orelo ol pri nazo (ĉu li ronkis en vian konkon?). *Bramo* kompreneble signifas nenion, sed vidu sube kiel unu partopreninto solvis tiun problemon. Ni scias, ke «hooter» signifas ankaŭ *alarmilo,* kio pensigas pri *sireno,* sed se iu volas traduki per *apogilo de sireno,* ĉu ne pli trafe diri *siren-apogilo?*
    prime *Zenito, plejforto, apogeo.*
    buttress of a hooter *Abutmenta hupilo.*
    sensitive *ofendiĝema.*

the Sinatra-smooching dance floor *La dancejo karesemiga pro l' kantado de Sinatra; la Sinatre langvor-amora dancejo.*

Bramall Lane Mi mem tute ne kaptis tiun aludon – same kiel japana leganto certe ne kaptus ĝin! – do mi tre dankas la tradukon de du partoprenintoj: *la futbalejo Bramall Lane*. Supozeble eventualaj japanaj legantoj same dankas.

tap room Pli bildiga ol *drinkejo* (prefere ol *trinkejo*) estas *bierejo, verŝejo*.

★ ★ ★

Kaj kion diri pri lia nazo? Kia nazo ĝi estis en la tagoj de nia zenito! Giganta, nuboskrapa, akrapinta, Andoklifa ronkilo. Flartubo por inkrusti per rubenoj kaj smeraldoj, ornami per perlamoto, kaj damaskeni per splitoj de oblate fajna oro de l' hispanoj. Spirilo inda je elmontro antaŭ doĝo sata de trezoroj. Snufilo entute kiel la hidraŭlika premilo de Jozefo Bramah.[1]

Komprenebe, nuntempe li povus pro ĝi fariĝi singena.

Tamen, li sendube ankoraŭ fieris pri la piedoj. Tiuj piedoj vere pompis – duopo da galeasoj sur la dancejo karesemiga pro l' kantado de Sinatra, vikingaj ŝipoj el bravaj odiseadoj al Bramall-Strato, nesinkeblaj barĝegoj de la hulanta bierejo. Aliflanke, ankoraŭ ili eble fetorus iomete.

Traduko de partopreninto

---

1 Jozefo Bramah, inventisto (1748–1814).

8

◀ p. 30

become talented Simpla esprimo, kiu invitis diversajn tradukojn: *(far)iĝas talentaj*; *talentiĝas*; *akiras talentojn*; *plitalentiĝas*. Ial plaĉas al mi *strangege eklertiĝas*.

next Ĉu *venonta, sekvonta, sekva*? Tamen, se participa, tio nepre estu *onta* kaj ne *anta*, laŭ mi.

first instrument *Unua* ŝajnas al mi maltrafa, ĉar ĝi pensigas unuavice pri tempo. Ĝusta ŝajnas al mi *ĉefa*, kvankam interesaj variantoj prezentiĝas: *virtuozilo*; *ŝat-instrumento*. *Principa* estas eraro, ĉar certe li ludas ne nur principe sed ankaŭ praktike!

spouts Laŭvorte *ŝprucas*, sed plaĉas al mi *deklamas*.

bath *En la bano* estas erara; devas esti aŭ *dum la bano* aŭ *en la bankuvo*.

iniquity *Malobeemo, misfarado, malvirto*.

staging post Evidente metafora, do *mejloŝtono* aŭ *ĉevalŝanĝa vivetapo*.

half-a-dozen Simple *seso*, ĉu ne?

confide in Jen problemeto. *Konfidi* taŭgas nur laŭ la tria difino en PIV. Pro tio mi preferas *konfidenci*, kiu ja enhavas ankaŭ tiun sencon de *konfido*.

deficiencies... assets Precipe la dua vorto starigas malfacilaĵojn. «Deficiencies» certe estas *mankoj*; sed plej plaĉis al mi la solvo *malplusojn... plusojn*.

America *Usono, Ameriko, Nordameriko* – ne multe gravas, sed la etoso de la kunteksto forte supozigas la unuan.

missed a trick Jen tipa tradukproblemo: la frazo estas metaforo kiu rilatas al kartludado. Ĝi ja ne estas *ruzaĵo* (alia signifo de «trick»). Tamen ĝia senco estas pli ĝenerala. Kiel tiun sencon redoni? El pluraj lertaj proponoj kontentigas min nur *ne kaptis iun aludon*, kiu laŭ la Ora Regulo («ne laŭvorte, sed laŭsignife») konigas al leganto la aŭtoran intencon.

the Atlantic En Esperanto, artikolo antaŭ tiaj geografiaj nomoj estas nekorekta. Oni diru nur *Atlantiko* (*Alpoj*, *Saharo*, ktp). La diferenco estiĝis, ĉar en la angla lingvo «Atlantic» estas origine adjektivo: «the Atlantic Ocean». En Esperanto ĝi estas simpla loknomo.

Iuj infanoj eksterordinare lertiĝas kiam la gepatroj klopodas decidiĝi pri estonta mezlernejo. «Gareth ludas tubjon preskaŭ same bone kiel francan kornon, kvankam lia ĉefa muzikilo estas piano.» Fay «deklamas latine en la bankuvo» kaj Leonard «opinias, ke li malkovris anglasaksan tombejon en nia ĝardeno».

Tamen iuj infanoj sinkas en pigron kaj misfaradon ĉe tiu elstare grava mejloŝtono en la vivo. Iliaj amaj gepatroj, sin treninte tra seso da lernejoj sen videbla entuziasmo aŭ de sia gummaĉa ido aŭ de ĉiam malpli onklecaj lernejestroj, emas senkuraĝiĝi. Ili eble konfidencas al amikoj. «Ni komparis la malplusojn de Toby kun la plusoj kaj decidis, ke li kompletigu la edukadon en Usono.» «Kial do Usono?' scivolas la amiko, supozante, ke iun aludon li ne kaptis. «Ĝi situas aliflanke de Atlantiko,» venas la respondo.

Mozaika traduko

9

no-nonsense Iu demandis, ĉu oni «rajtas» uzi *sensensencaĵa*. Evidente oni rajtas, sed la vorto ne ŝajnas al mi konsilinda. Kvankam korekta, ĝi ne estas senpere klara. Kvankam mi mem emas al *maltriviala*, ankaŭ *serioza* esprimas (iom senkolore) la koncepton.

from A to B La vorto *ĝis* estas pli korekta ol *al*. Tiu lasta implicas «en la direkto al»; se oni atingas la celon kaj haltas, temas pri *ĝis*. Tial mia libro titoliĝas *Paŝoj al Plena Posedo*, ĉar plena posedo estas neatingebla.

by the fastest available method Iu demandis, ĉu anstataŭ *per la plej rapida havebla maniero* oni povas uzi *kiel haveble plej rapide*. La dua fakte ŝajnas al mi preferinda, kvankam plej plaĉas al mi *per la kiel eble plej rapida metodo*.

alley Falsa amiko. *Aleo* estas larĝa strato inter du vicoj da arboj. Korekta estas *strateto*.

cobra La vorto *kobro* estas fakte neologismo; pli

tradicia estas *najo*. Laŭ PIV, *kobro* estas serpento el la familio *najo*, sed...

over his shoulder *Trans* (ne *super*) la ŝultron.

griddle Ĉu *rostokrado* aŭ *bakplato?* La dua ŝajnas al mi pli probabla laŭ la kunteksto – kaj cetere priskribas *griddle*, almenaŭ en Skotlando! Oni ne kutime *fritas* per *rosto*krado!

passage Plej bona ŝajnas al mi *vojiro*.

English speakers *Parolanto* estas homo, kiu parolas. Homo, kiu parolas angle, estas *angleparolanto*. *Anglaparolanto* estas parolanto, kiu estas angla.

the crowds on the streets *La surstrataj homamasoj*.

La ĉefurbo de Tajvano estas serioza loko kies loĝantoj difinas siajn celojn, kaj iras de A al B per la kiel eble plej rapida metodo. Serpentan Strateton aŭ Hwa-Hsi-Straton oni reklamas kiel turistan bazaron – sed tio ĝi ne estas. Krom la mia, la vizaĝoj spektantaj la morton de najo estis ĉiuj senemocie Tajvanaj, pluraj el ili atendantaj por gustumi la sangogalan koktelon, konsideratan tiom saniga laŭ tradicia Ĉina medicino. La serpentbuĉisto, dume, ĵetis maldikajn tranĉaĵojn de najo trans la dekstran ŝultron, por friti ilin sur improvizita bakplato.

Tajpeo estas tre Ĉineca – multe pli tia ol, ekzemple, Honkongo. Al okcidentaj vizitantoj ĝi sentiĝas relative fremda, kaj ĝi estas malfacile trairebla. Perbusa aŭ pieda vojiro estas malhelpata de la kaligrafiaj misteroj de la mandarena, kaj estas neverŝajne, ke oni trovos multajn angleparolantojn inter la homamasoj sur la stratoj.

Traduko de partopreninto, «iom draste» reviziita de Auld

10

snobbery En Esperanto la vorto *snobo* signifas «homo, kiu konstante, stulte kaj sendistinge admiras kaj imitas ĉion, kion li opinias laŭmoda». Tute mankas la nuanco de klasorgojlo, kiun forte trudas la angla *snob*. Tamen en la nuna kunteksto ĝi perfekte taŭgas: *snobeco*.

cut one another dead Ĉu ne simple *malagnoskas?*

baseball caps Nepre temas pri *kaskedoj*. *Ĉapo* estas kapvesto sen ĉirkaŭrando; *kaskedo* estas ĉapo kun viziero.

Reeboks Oni devas kompreni, ke temas pri sport-ŝuoj. Troa laŭvorteco ĉe unu partopreninto: *antilop-peltoj*!

teenagers *Adoleskantoj*, sed eble ankaŭ *dekkelkjaruloj*.

Ed's Diner Forte usoneca nomo (en brita socio). El diversaj lertaj proponoj plej plaĉis al mi la propono prezentita sube.

Levis Internacie uzata estas *(blu)ĝinzo*; sed mi ne komprenas, kial tio ne estas simple *drelika pantalono*.

★ ★ ★

Rigardu kien ajn en la hodiaŭa Britujo kaj vi trovos snobecon nebridita. Privestaĵa snobeco nun evidentiĝas eĉ ĉe sufiĉe junaj infanoj, kiuj superece ignoraĉas unu la alian pro tio, ke iu portas bazopilkan kaskedon retroturnitan je la malĝusta angulo aŭ Reebok-sportŝuojn kun langoj de nemoda longeco. Adoleskantoj en «Bufedĉjo» direktas kompatemajn vinsnobajn ridetojn al amikoj, kies Levi-ĝinzoj ne estas de la konvena produktojaro, aŭ kiuj faris la nekredeblan societan mispaŝon trinki usonan bieron el glaso.

Traduko de partopreninto

11

wrong *Malordis, misis, ĝenis, malĝusta, ne taŭgis, piketis.* Verŝajne neniu el la solvoj preferindas.

blankly Plimulto tradukis per *senesprime*; tamen *vake* eble pli precizas?

the opposite side of the room *La kontraŭa flanko de la ĉambro* estas laŭvorte ĝusta; tamen validas ankaŭ (kaj pli koncize) *trans la ĉambro*.

cornflakes La angla vorto «corn» signifas *greno*, kaj nomas en diversaj regionoj diversajn grenojn: kutime, en Anglujo *tritiko*, en Skotlando *aveno*, en Nordameriko *maizo*. La manĝajo *cornflakes* originis en Nordameriko, kaj estas fakte *maiza*. Sekve *maizflokoj* estas ĝusta; tamen ankaŭ *grenflokoj* validas laŭ mia opinio.

to get onto his spoon La plej trafa esperanta esprimo

estas nepre *surkulerigi*!

to get a hold on Multaj tradukis per *ekteni*; tamen tio ŝajnas al mi traduki *to get hold of*, iom subtila diferenco. Tial mi preferas *firmteni*, aŭ *teni sekure*.

fiddling around Dek du diversaj proponoj, el kiuj plej populara estis *fuŝpalpis*. Plej plaĉa al mi estis tamen *fuŝumanta*.

window *Fenestro, aperturo*, aŭ (plaĉe) *luko*.

so (that) Tradukiĝas per *por ke*; sed mirigis min la nombro da partoprenintoj, kiuj ankoraŭ ne scias, ke post *por ke* ĉiam sekvas *-u*: *por ke li povu*.

kindergarten Kvankam *infan-ĝardeno* laŭvorte tradukas, ĉu ĝi vere liveras la ĝustan signifon? Multaj skribis pri *antaŭlerneja infano*, sed tio tro vastigas la terenon, ĉar la plimultaj kvarjaruloj jam perfekte kulerumas. Du partoprenintoj eĉ volis neologismi per *kindergarteno*, kio ŝajnas al mi tute superflua – tial, ke la vorto *vartejo* estas, precipe en tiu kunteksto, sufiĉe preciza.

setting *Kadro* aŭ *medio*.

right in the guts Minimume sep diversaj tradukoj de *guts*, kaj eble ĉiuj «pravas». Sed el vidpunkto de internacia klareco kaj transdono de la funda signifo, mi admiras la kuraĝon de tiu, kiu liveris: *Tiu kruda realeco... frapegas emocie, samkiel la pugnobatoj de tiu viro iam frapegis korpe.*

you En tia kunteksto, traduko de *you* en *hits you* estas komplete superflua!

★ ★ ★

Estas malfacile imagi pli perfektan vidaĵon; tamen io estis misa. Ali senesprime fiksrigardis la tapeton sur la kontraŭa flanko de la ĉambro. Li provis ŝarĝi sian kuleron per maizflokoj. Luktante firmteni la kuleron, li fuŝagitis je la lakto kaj atendis la aperon de kunorda aperturo en sia konfuzita cerbo, por ke li povu enŝoveli sian matenmanĝon en la buŝon. Li estis pli senpova ol antaŭlerneja infaneto. Tia kruda realeco en tiu ĉi bela medio emocias kiel bato al la ventro, ĝuste kiel iam faris la pugnobatoj de tiu viro.

Traduko de partopreninto

12

Konu viajn rivalojn. Dankon al la partopreninto, kiu lerte pikis la balonon de la entuziasma aŭtoro per simpla aldono al la koncepto, ke ĉiuj EK-civitanoj iĝu dulingvaj, de la frazo «krom la angloj, kompreneble!». Per tio vidiĝas la senpripensa orgojlo de multaj anglalingvanoj.

master-card *Ĉefkarto*, sed se oni volas uzi la radikon *mastr-*, nepre devas esti *mastra karto* kaj ne *mastrokarto* (kiu signifas *karto de mastro*). Kaj nepre ne *majstra*.

relentlessly *Senkompate, sencede, senindulge.*

takes the trick Ĉi tie sentiĝas malforta loko de la lingvo en reala kunteksto. Se oni supraĵe *gajnas la prenon*, ĉu tio vere esprimas la koncepton, kaj ĉu ĝi kontentigas fakulon pri kartludado? Mi kredas, ke ne. La konata aŭstralia esperantisto Ralph Harry kompilis leksikoneton de briĝterminoj, laŭ kiu oni *prenas la trekon*, kaj tiu faktermino *treko* efektive ŝajnas al mi uzinda. (Espereble oni ne gajnas *trekon* per *truko*!)

asset Al mi ne plaĉas la traduko *aktivo*, kies signifo estas neklara en la kunteksto (kvankam ĝi fakte estas uzata en financo, kun signifo «tuto de la varoj kaj de la posedataj aŭ ricevotaj sumoj», kio ne konvenas ĉi tie). Eble *aktivaĵo*? Plimultaj uzis *havaĵo* (iom tro neŭtrala?), aŭ *bonhavo* (pli bona).

declined in value *Malplivaloriĝis*, komprenebla, sed pli flue *perdis valoron* (aŭ prefere *perdadis valoron*).

against this background Teatra metaforo, do *fono* uzindas, sed ĉu *antaŭ tiu fono* aŭ *kontraŭ tiu fono*? Mi preferas la duan.

without possessing Jam delonge trudiĝas al multaj uzi post *sen* infinitivon (*sen posedi*). Ankaŭ mi mem kelkfoje kulpis tion, kaj fakte ekzistas neniu regulo, kiu ĝin malpermesas. Tamen daŭre ĝi sentiĝas al mi iel fremda al Esperanto, en kiu la klasika lingvo preferas diri *ne posedante*. Se oni nepre insistas pri *sen*, tute eblas diri *sen posedo de*.

unless it is said in English Eblas diri *krom se ĝi estas dirita angle*; tamen tio ne estas tiel nemiskomprenebla klara kiel la originalo. Pli indiĝena al Esperanto ŝajnas la konstruo *se ne en la angla.*

even with La sentebla neceso emfazegi la prepozicion estus iel misstile en Esperanto. Mi ĝojas konstati, ke pluraj partoprenintoj senpere rimarkis tion, kaj uzis alternativajn rimedojn. Jen mia solvo: *Federacio... estas nur malfacile kuntenebla eĉ havante komunan lingvon.* Eble pli bone: *eĉ se ĝi havas...*

cement Se mi ĝuste komprenas, temas pri *betono* (tiu miksaĵo de *cemento* kun ŝtoneroj kaj akvo). Au ĉu eble temas pri *cemento*, el kiu oni faras la fortikan *betonon*? La metaforo estas malpreciza, laŭ mi.

shared *Komuna*, ne *dividita*.

press vigorously *Energie insisti.*

dominant Tiu angla vorto estas tre fortsignifa. Gratulon al tiuj, kiuj, rimarkinte tion, elektis la tradukon *super-rega*.

Ekzistas tamen unu ĉefkarto, kiun ni devas demeti nun, kaj daŭre demetadi sencede, ĝis ĝi gajnos por ni la prenon. Eble ni povos per ĝi gajni ja la tutan ludon. La karto estas lingvo. Ĝi estas nia aso. La sola Brita havaĵo, kiu ne perdis valoron dum la 20-a jarcento, estas la Angla lingvo.

Kontraŭ tiu fono estas ridinde, ke kelkajn Komunumajn dokumentojn oni produktas, almenaŭ komence, nur en la

Franca, lingvo fifama pro malprecizeco kaj kiu preferas abstraktaĵojn al konkretaĵoj.

En Eŭropo ŝajnas esti ĝenerala deziro kununuiĝi pliproksimen. Bone; sed kiu iam aŭdis pri granda homa komunumo ekestinta sen posedo, aŭ adopto, de komuna lingvo? «Mi estas Eŭropano» neniam diriĝos, se ne en la Angla.

Federacio, aŭ kiun ajn vorton vi preferas, estas malfacile kuntenebla eĉ *kun* komuna lingvo.

Sen la cemento de komuna lingvo, kio implicas ankaŭ vastan gamon de komunaj kulturaj kaj emociaj akceptaĵoj, estas malfacile antaŭvidi eĉ la formiĝon de federacio.

Tial devas Britujo energie premadi ne nur por tio, ke la Angla anstataŭu ĉiujn aliajn lingvojn kiel la ĉefa Komunuma lingvo, sed ankaŭ por tuta serio de klaŭzoj en la Komunuma leĝaro, de lernejaj kaj universitataj instruado al ŝildoj kaj etikedoj, celantaj farigi dum periodo de (ni diru) 20 jaroj ĉiujn civitanojn de la Eŭropa Komunumo dulingvaj parolantoj de la Angla.

Traduko de partopreninto

13

La stilo prezentas problemon en tiu ĉi tasko. Ĝi estas stilo iam inventita de la verkisto P. G. Wodehouse, ĉiam rekonebla kaj probable de neniu sukcese imitita. Tamen ĝi fluas «kvazaŭ nature». Ĉu niaj tradukintoj kapablis krei similan etoson? La unua frazo jam prezentas kvin apartajn problemojn!

you Rolas kiel emfazilo: ĉu ĝi aperu en la traduko (*zorgu vi*)? Al mi ŝajnas, ke se oni uzas transitivan verbon, tio jam ne necesas: *gardu vin*.

careful La plimultaj volis iel utiligi *zorg-*; tamen pli ĝusta ŝajnas *gard-*. Laŭ mia opinio la frazo komenciĝu: *Gardu tre zorge vin*.

how *Kiel, se, kiam?* La lasta, laŭ mia opinio.

fool about with Neniu proponita solvo plene kontentigis min; plej trafa eble *prifuŝante*.

stuff Ne tre emfaza vorto, tamen kun nuanceto de malalta takso; *aĵo* estis plej ofta, poste *substanco* kaj *produktaĵo*. Plej sukcesa laŭ mi: *pri tia afero*.

Buffy Struggles La ĥimero de la propraj nomoj ĉiam denove elkavaĝen ŝovas la kapon. Ĉi tie, plej saĝe ne tuŝi ilin, tamen ĉu indiki la prononcon? Tri tute diversaj prononcoj estis proponitaj de niaj tradukintoj (Bufi Strug'lz, Bufi Strugels, Bafi Struglz), kio nur substrekas la neeblecon de tiu «solvo». Iu ŝerce proponis «traduki» per Streb E'Brien, kiu per si mem preskaŭ meritas premion.

misguided Plimulto preferis *malprudentulo*, sed eblas ankaŭ *miscelinto* kaj *misgvidito*.

temperance Plej bona, ĉar flua kaj nemiskomprenebla: *kontraŭalkohola*.

coloured slides *Lumbildoj*; *diapozitivoj* estas tro moderna por tiu kunteksto (1893!).

a fellow Sufiĉas *oni*. Uzado de *ulo* eblas, sed ne redonas laŭ mi la ĝustan etoson.

pull yourself together *Regu vin.*

wildly *Freneze, sensence.*

you can't drink tea *Tetrinki ne konsilindas.*

soda Verŝajne *sodakvo* estas internacia, kvankam plaĉis al mi *sifonakvo*.

common earthworm Ĉu sufiĉas *lumbriko*? Aŭ kunteskte valoras nomi ĝin ankaŭ *ordinara*? La dua ŝajnas al mi pli konforma al la originala tono.

flaw Prefere *eraro* aŭ *manko*. (Sed vidu la solvon ĉi-sube!)

dashed soon Tiu milda sed emfaza sakreto estas neignorinda. Plej trafa ŝajnis *mi diable baldaŭ fariĝos tia.*

rash Jen ĝusta loko por tiu *malprudenta*!

move *Influi, persvadi, konvinki*, sed plaĉis ankaŭ *cedigi*.

muck *Aĉajo.*
inside the year *En malpli ol jaro.*

★ ★ ★

Estu tre singarda, kiel foje vi senzorgas pri tiaj aferoj. Ĉu mi iam rakontis al vi, kio trafis la kompatindan Buffy Struggles ankoraŭ en la naŭdek-tria? Iu fuŝmensa homo altiris lin al kontraŭalkohola prelego, unu el tiuj ilustrataj per kolorigitaj lumbildoj, kaj la sekvan tagon la kompatindulo venis al mi cindrogriza, imagu – cindrogriza.

– Gally – li diris. – Kiel laŭ via opinio oni procedu por aĉeti iom da teo? Per kio oni komencu?

– Teo? – mi rediris. – Kiucele vi bezonas teon?

– Por trinki – respondis Buffy.

– Regu vin, mia kara – mi admonis. – Vi frenezumas. Vi ne povas trinki teon. Glutu kelkan brandon kun sodakvo.

– Ne plu alkoholon por mi – diris Buffy. – Vidu, kion ĝi faras al ordinara lumbriko.

– Sed vi ja ne estas ordinara lumbriko – mi rebatis, tuj indikante la malfortan ĉeneron en lia rezonado.

– Mi diable baldaŭ fariĝos tia, se mi daŭrigos la drinkadon – diris Buffy.

Nu, vidu. Mi petegis lin kun larmoj en la okuloj, ke li ne faru ion malprudentan, sed mi ne sukcesis impresi lin. Li mendis dekon da funtoj de ĉi tiu fatraso kaj mortis dum unu jaro.

Traduko de partopreninto

14

◀ p. 35

really La originalo ripetas tiun vorton, kun iom emfaza rezulto. Tamen, kun unu escepto, neniu (inkluzive de mi) trovis tion dezirinda en Esperanto. Oni variigis – *vere, fakte, efektive, ja, jam* – ĉiam kun taŭga rezulto.

wonderful joke *Mirinda ŝerco*, sed ankaŭ *sprita blago*.

heaven *Paradizo* preferindas ol la simpla, senkolora, dusenca *ĉielo*.

crossing over *Transiro, transiĝo, iro transen*.

silly *Stulta, fola, idiota* – elektu laŭvole, ĉiuj uzeblas. Tamen eĉ pli plaĉis al mi (en la kunteksto) *sensenca* aŭ *sencela*.

thought *Opiniis, supozis, kredis* (neniu volis uzi *pensis*, kvankam ankaŭ ĝi uzeblas ĉi-kuntekste). Mia elekto: *supozis*.

just as *Ĝuste kiam* (kaj ne *ĵus kiam*). Tamen, kvankam estas erara *ĵus kiam mi*, la formo *kiam mi ĵus* estas allasebla. Temo por plia studado miaflanka.

worked myself into Malfacile tradukebla, kaj nenies solvo estis tutege kontentiga. Temas, ĉu ne, pri intenca sed iom kontraŭvola, iom longedaŭra sindevigo al ia sinteno. Ĉu eble *sukcesis trudi al mi*?

alcoholic Kiel anglalingva substantivo, tiu vorto estas ofte misuzata ekster ĝia medicina signifo. Tiu angla vorto emas trudi en Esperanton la formon *alkoholulo* (ne *-isto*, ĉar ne temas pri ies profesio!) – kiu estas uzata foje; sed en nia lingvo la ĝusta traduko laŭ mia opinio estas *drinkemulo* (aŭ eĉ *ebriulo*).

Wilmot Bar Ne, ĝi ne estas trinkejo, sed monta formaĵo (se mi ne eraras!). Prefere lasu la anglan nomon.

popped out of Ho ve! Ĉu *eksplodis*! Mi preferis *ekpafiĝis*.

firing back Se oni deziras reteni la metaforon, probable *repafiĝantan*.

locked Mortinta metaforo. Ne necesas rekrei ĝin. *Fiksbremsis, senmovigis*.

backside of heaven Kion precize signifas tiu esprimo? Ĉar esprimiva ĝi certe estas. Hezite mi emas al *dorsflanko*.

Sed eble estis efektive tiel, mi fakte jam mortis. Kia miranda spritaĵo. Post la morto, la iro transen, ni trovas nek paradizon nek inferon, eĉ ne feliĉigan ĉasejon, sed nur daŭrigon de tiu sama malĝoja, sensenca vivo, kiun ni supozis postlasita. Konfuzo kaj ĥaoso, malordo kaj malespero.

Sed ĝuste kiam mi sukcesis trudi al mi la gloran kaj sobran memkompaton de drinkemulo, dum ni ruliĝis preter la ombrajn konturojn de Wilmot Bar, ni ekpafiĝis el la nuboj kaj en la blindigan vintran sunlumon, kiun repafis al ni la neĝokampoj. Mi fiksbremsis ĉiujn kvar radojn de la kamioneto, palpaĉante por elpoŝigi la novajn ŝirmokulvitrojn. Surmetinte ilin, mi vidis antaŭ mi la neĝkronitajn turojn de la *Katedraloj* ekbrilantajn kontraŭ ĉielo tiel blua kiel la dorsflanko de la paradizo, tian vizion, kia forgesigas pri radĉenoj kaj frostvundiĝo, memorigas kial oni vivadas en Montana ĝis la morto.

Mozaika traduko

Konkursinto demandas pri la uzado de *sin-* kaj *mem-* kiel prefiksoj, kaj diras, ke laŭ lia opinio «self-pity» tradukiĝu *sinkompato* kaj ne (kiel mi tralasis) *memkompato*. Li estas prava, kaj rajtas iri al la ĉefsidloko en la klasĉambro... Jen kion diras Cox en *Esperanto Grammar and Commentary*:

> *Sin-* kaj *mem-* estas uzataj kiel prefiksoj por traduki la anglan «-self». Se la koncepto estas refleksiva, estas pli bone uzi *sin-*, alie *mem-*. *Singardo* = «caution»; *sinmortigo* = «suicide»; *sinteno* = «attitude»; *memstara* = «independent»; *memvola* = «voluntary».

15

open La participa finaĵo -*ita* estas necesa en *malfermita*, ĉar *malferma* enhavas transitivecon, sekve *malferma* signifas «tiu, kiu malfermas», kaj tute ne «tiu, kiu estas malfermita». Komparu ekzemple *malferma kunsido* kaj *malfermita kunsido*.

that's not what bothers me Plej bona el stilistika vidpunkto estis *ne ĝuste tio ĝenas min*.

pisspot La klasika nomo de tiu ujo (Schwartz ktp) estas *noktovazo*. Bedaŭrinde neniu konkursinto konis (aŭ preferis) tiun belan klasikaĵon – kiu laŭ mia sento esprimas nuancon de malestimo – kaj proponis *pisujo, pispoto, urinujo, pisaĉulo, pisetujo* kaj eĉ *ebriaĉulo* kaj *fekulo*. Bone, sed mi mem restas kun Schwartz.

I presume Tiun ĉi anglismon mi tradukus *supozeble*, kaj mi estas kontenta, ke du partoprenintoj konsentas kun mi. La pravigo troviĝas en la plej grava el miaj «tri demandoj», kiujn mi konigas al la legantoj fine de tiu ĉi analizo.

there are reports Laŭ tiu sama «tria demando», plej natura traduko ŝajnas al mi *oni diras* (ĉar tute ne temas pri *raportoj*!). Dirinte tion, mi tamen konsentas, ke ekzemple *ekzistas raportoj* estas tute ebla traduko!

was responsible for *Respondecis pri*, komprenble. Sed la signifo ŝajnas al mi *kaŭzis*.

sad Ĉu ne *bedaŭrinda*?

took the easy way out Tiom da solvoj, kiom da partoprenintoj! Plejparte tute akceptindaj. Plej kontentigis min *facile eldilemigis sin*; tamen mi demandas ĉu eble *facilanime* anstataŭ *facile*?

quarter Por internacia legantaro oni prefere precizigu: *kvarondolaron*.

have his way with her Plej populara estis *trudi al ŝi sian inklinon* aŭ *volon*.

down at the pier Ne ĉiuj rimarkis, ke la vorto *down* havas ĉi tie nenion komunan kun *sub(e)*, sed simple *down at* = *ĉe (la kajo)*.

the night's work *La tiunokta laboro* aŭ *deĵoro*.

down around Ĉi tie la vorto *down* tamen havas signifon (*sube ĉirkaŭ la maleoloj*), kvankam mia petolemo trudas al mi la solvon *malhisite* anstataŭ *sube*!

meager (Kompreneble usona ortografio.) Oni povas diri *malabunda* aŭ *nesufiĉa*; kaj ankaŭ la vorto *magra* fariĝis sufiĉe ofta.

two-boater Jen eta mistero. Ĉu en Usono tiu esprimo havas slangan aŭ esoteran signifon? Tion mi ne sukcesis solvi ĝis nun, do oni povas diri nur *duboatulo* (kun variantoj), kvankam iuj tradukis ekzemple (kaj laŭ la kunteksto akceptinde) *fripono*.

affection Ĉu Esperanto posedas ekzaktan ekviva-

lenton de tiu koncepto? Teorie tio devus esti *ameto*; tamen ial tiu formo preskaŭ neniam uziĝis. Oni proponis *tenereco, kareco, karesoj, karesemo* kaj, kompreneble, *amo*.
    respectable Ĉu *respektinda* aŭ *deca?* Ambaŭ trafas.

★ ★ ★

Fahey estis kontenta pri la temperaturo de la duŝo. Li haltetis ĉe la malfermita pordo. «Tamen ne tio ĝenas min pri Minihan,» li diris, «tiu eta fekulo. Ne tio, ke li estas Irlandano. Irlandano li ne estas. Nu, li havas nomon irlandan, kiun supozeble li heredis de sia patro. Kvankam ja ekzistas raportoj, ke lia patrino ne vere certis, ĝuste kiu respondecis pri la bedaŭrinda evento, kaj prenis la facilan elirvojon, kulpigante pri la katastrofo la lastan ebrian dokiston kiu pagis kvarondolaron por kontentiĝi per ŝi ĉe la kajo en Chelsea unu nokton kiam ŝi iĝis bonŝanca kaj hejmeniris kun finsumo de du dolaroj kaj sepdek kvin cendoj pro la tiunokta laboro kaj la kalsono malsupre ĉirkaŭ la maleoloj. Jen kie ĝi kutime troviĝis kiam ŝi perlaboris siajn magrajn vivrimedojn, farante la solan agon por kiu Dio donis al ŝi iun talenton. Kaj eble li eĉ ne nomiĝis Minihan, laŭ tio, kion ŝi sciis. Tre povus esti iu duŝipulo de transe en Melrose, ĉe la dokoj dum tiu nokto por ŝteli tiom da artikloj kiom eble kaj por aĉeti tiom da karesemo, kiom li ne povis ricevi de respektinda virino en geedza lito.»

Traduko de partopreninto

Tri demandoj

Miaj longaj jaroj de tradukado instruis al mi, ke en ĉiu traduka momento tri demandoj estas starigendaj. Ili estas: (1) Kion la aŭtoro fakte diris? (do la *signifo*); (2) Kiel li diris tion? (do la *formo*); kaj (3, plej grave): *Kiel li dirus tion, se li verkus originale en Esperanto?* Kiam vi trovas respondon al tiu tria demando, vi jam trovis la ĝustan tradukon.

16

habitué Du tradukoj ŝajnas egale trafaj (kiu asertas, ke al Esperanto mankas sinonimoj?): *frekventulo* (aŭ *frekventanto*), *vizitadanto*.

the Continent Tiu esprimo estas anglismo, ĉu ne? Ŝajnas al mi necese diri *la eŭropa kontinento*.

a smattering of the language Variantoj de *iometa lingvoscio*, sed ankaŭ, kompreneble, *scieto*. Tamen ŝajnas al mi, ke *smattering* estas pli pozitive preciza, kaj mi aprobas *suprajeta scipovo*.

venture *Kuraĝi, riski*.

the beaten tracks Fakte, tio estas «mortinta metaforo». Sekve *piedpremitaj vojetoj* vere ne havas la saman efikon. Prefere *la plej* aŭ *kutime uzataj vojoj*. Sed efektive sufiĉas *la kutimaj vojoj*.

ten shillings a day... Pluraj, prave celante simplecon, kontentiĝis per ekzemple *po dek ŝilingoj tage kovras ĉiujn* *elspezojn* aŭ simile. Tamen tiaj ellasas la gravan nuancon «could be made to». Ĉu *oni povas limigi siajn elspezojn al po dek ŝilingoj ĉiutage?*

in comfort *Senĝene* aŭ, prefere, *senzorge*.

vocabulary *Vortprovizo* aŭ *vortstoko*. Teorie *vortaro* estas uzebla, sed ĝi forte pensigas pri libro.

argue La angla vorto havas du signifojn – *diskuti* kaj *disputi* – kaj eble ambaŭ povas validi ĉi-kunktekste. La esperanta *argumenti* havas nur la unuan el ili, tamen ŝajnas al mi traduko kontentiga.

a working knowledge Tiu angla frazo ĉiam efikas al mi kvazaŭ uzata por kaŝi aŭ bagateligi nescion! Tamen oni povas traduki per *praktika scio*.

a handful Mirigis min, ke pluraj tradukis per la delonge arĥaika *plenmano*, dum ĝusta, laŭ mi, estas *manpleno*.

made to serve Denove! Natura kaj preciza Esperanto ŝajnas al mi *oni povas elturniĝi*.

economy Ne, nepre ne *ekonomio*. Temas pri *ŝparemo*, aŭ, kiel trafe asertis unu partoprenanto, *multon oni povas atingi per minimuma peno*.

★ ★ ★

Mi iĝis frekventulo de la kontinento. Mi eltrovis, ke per iometa scio de la lingvo, ebliganta devojiĝon for de la kutimaj vojoj, oni povas pasigi feriojn alilande pli malkare ol en Anglio. Dek ŝilingoj tage povus pagi ĉion. Zangwill foje rakontis al mi, ke li vojaĝis tra Turkio senĝene per dudek frazoj, zorge antaŭ-preparitaj, kaj poŝvortaro. Profesoro pri lingvoj, kiun mi renkontis en Freiburg, taksis la tutan vortstokon de kamparano en la Nigra Arbaro je tricent vortoj. Kompreneble, se oni volas diskuti, plia studado necesas; sed por ĉiuj nepraĵoj de vivo trankvila, baza scio de dudek verboj kaj cent substantivoj, kune kun nur manpleno da adjektivoj kaj pronomoj, povas servi kontentige. Mi konis viron kiu iris al Svedio por skiz-migrado, sciante nenion krom la nombroj ĝis dek; kaj antaŭ ol li estis unu monaton tie, fianĉiĝis al sveda knabino kiu ne parolis angle, eĉ ne unu vorton. Multon oni povas atingi per minimuma peno.

Traduko de partopreninto

17

◀ p. 38

En tiu ĉi specimeno estis pluraj lokoj, kie laŭvorteco, *kvankam ebla*, ne ĉiam trafas la precizan signifon.

to be sure Plimulto preferis *certe*. Sed plej plaĉis al mi *ja: estas ja mallume*.

dark Ĉu *mallume* aŭ *malhele*? La dua ŝajnas preferinda, ĉar *mallume* implicas tutan mankon de lumo.

should be Mi dubas pri *devus* en tiu ĉi kunteksto – nenio devigas la papiliojn! Ŝajnas al mi, ke prefere oni diru *kutime estus dancantaj*.

dancing *Dancantaj*; tamen eblas ankaŭ *flirtantaj*.

catmint Mi ne scias, ĉu *katherbo* estas vere internacia; mi dubas. Tiu plantaĵo estas latine *Nepata cataria*, sekve oni prave nomu ĝin *katario*.

my lavender, catmint and marjoram «My», sekvate de pli ol unu substantivo, devas esti plurala: *miaj*. Sed ankaŭ *lavendoj*, *katarioj* kaj *majoranoj* estus pluralaj: se vi ne kredas, anstataŭigu per *rose, lily and daisy*! Pro nekonataj kaŭzoj, cetere, *majorano* mankas en Butler.

not to mention Pluraj kunsentas mian dubon pri la

plej bona maniero transdoni la signifon de tio ĉi. Notu, ke dirante ĝin oni daŭrigas per efektiva mencio de la koncernaĵo! Kiel solvi? Nu, *evidente* kaj *des pli* troviĝas inter la proponoj. Mi mem verŝajne tradukus per *kiel ankaŭ*.

fallen for Eblas kompreni tiun esprimon dusignife: *ĉarmiĝis de* aŭ *trompiĝis de*? Nur post longa hezitado mi preferas ĉi tie la duan.

rushing into bloom *Jam rapidas ekflori.*

in their dozens Ŝajnas al mi, ke tio signifas nenion pli ol *amase* aŭ *multnombre*. Nek *po dek du* nek *dekduope* nek eĉ *po dekduope* vere liveras taŭgan bildon.

upstairs Mi vere emas insisti pri *supretaĝa*.

come in Ne, kiel erare legis kelkaj, «came in». La formo «come in» implicas, ke tio estas ilia normala kutimo, kiun ĉi-jare ili ŝanĝis. Interese, iu proponas *fuĝas*.

creeper Malgraŭ Wells, mi opinias, ke nek *grimpaĵo* nek (pli bone) *grimpoplanto* vere kontentigas. Laŭ miaj vortaroj, «creeper» estas uzata «precipe» pri *ampelopsoj*, kaj tial mi konsilas tiun tradukon.

pitched their tents Esprimiva, bildiva metaforo. Do *starigis siajn tendojn*, aŭ prefere *ektendumis*.

anglepoise Mi neniam antaŭe rimarkis, kiom bela, kiom poezie preciza, estas tiu vorto (ĉu eble ĝi estis komerca marko de la inventinto?). Sed kiel transdoni tiun vere frapan metaforon? Ĉu fakte eblas? Ĉu oni devas kontentiĝi per *angulartikaj* aŭ *artikitaj*? Mi opinias, ke la plej proksima, se ne tiom bela, propono estis *desegnistlampecaj*.

serrated *Segilformaj* aŭ *segilecaj*.

tortoise-shells Mi simple ne kredas, ke en la reala vivo oni parolus pri papilioj *testudŝelaj* aŭ *keloniŝelaj*, precipe ĉar tiuj *ŝeloj* devus esti *karapacoj*. Tiuj papilioj estas latine *Aglais urticae* aŭ *Nymphalis polychlorus*. Unu partopreninto proponas la terminon *aglajo*, kaj mi subtenas lin malgraŭ la neceso presigi gloson – tiaj proponoj bezonas kuntekstojn por vivigi ilin ĝis la bela tago, kiam ĉio en la mondo estos klare difinita. Bedaŭrinde ies kuraĝa *makaono* estas tute alia speco de papilio!

three-inch... six inches Ĉu metrigi aŭ ne metrigi por alilandanoj (kaj pli junaj britoj!)? Se jes, oni prefere faru proksimume ĝustan kalkulon. Proponitaj estas *dek-centimetran... sesdek centimetrojn* kaj *kvincentimetran... dek milimetroj* inter la aliaj, kaj neniu el ambaŭ (evidente) liveras ĝustan komparon.

Vere, estas malhele; tiel malhele, ke la papilioj, kiuj kutime estus flirtantaj ĉirkaŭ miajn lavendojn, katariojn kaj majoranojn, kiel ankaŭ la asterojn, delogitajn de la aŭtuneska vetero al rapida ekfloro, tiuj papilioj, mi diras, dormas amase sur la bruna tapeto de la supretaĝa ban-ĉambro. La araneoj, kiuj envenas oktobre de la ampelopso, jam nun tendaras interne de la domo. Mi imagas al mi, ke mi povas aŭdi iliajn desegnistlampecajn membrojn knari dum ili kuras sur la segilaspektaj pintoj de siaj terure multnombraj piedfingroj oblikve laŭ la muro por pluke mortigi podetale la dormantajn aglajojn[2]. Normale, mi forfuĝus plorkriante, se mi malkovrus okcentimetran lunpromenecan haruleton iranta je dek kvin centimetroj de mia nuda femuro dum mi sidas pisante; estante deprimita, mi nur alrigardis la grandegan araneon, kaj suspiris.

Traduko de partopreninto

18

results La rezultoj de kio? Ĉu oni povas fidi, ke la kunteksto tion nepre klarigas en la kadro de aliaj kulturoj? Prefere ni precizigu (*ekzamenaj rezultoj*), kaj mi mem fakte skribus *ŝtatekzamenaj*. Cetere, eĉ la vorto *rezultoj* eble ne estas plej bona; aliaj proponoj: *atingaĵoj, poentaroj*.

dreadful *Aĉaj* kaj *teruraj* estis plej popularaj, sed tre plaĉis al mi *lamentindas*.

accept Krom la evidenta traduko: *jesi, agnoski*.

are not working very well Eleganta varianto: *ne bone plenumas siajn farendaĵojn*.

frankly El la multaj proponoj, la plej trafa estis laŭ mi *verdire*.

I couldn't care less if the boys and girls end up... Konsternis min la konfuziĝo de pluraj rilate al la ĝustaj

---

2 *aglajo*: trikolora tagpapilio (latine *Aglais urticae*).

verbtempoj, kaj ankaŭ al la diferenco inter *se* kaj *ĉu*. La ĝustaj formoj estas tute klaraj: *al mi tute ne gravus ke la geknaboj -as*.

application Sinonimaj montriĝis *petilo* kaj *(pet) formularo*.

Single-Parent Benefit La vorto «parent» ofte kaŭzas problemojn al tro logikemaj mensoj; tamen la solvo klare deriviĝas de nia gramatiko. Kio estas la singularo de *homoj*? *Homo*. Kio estas la singularo de *gepatroj*? *Gepatro*. «Benefit» estas, ĉi-kaze, *ŝtatalimento*. Ĝi ne estas *benefico* – vorto al kiu PIV tamen jam provizas tro multajn signifojn! Do: *solgepatra ŝtatalimento*.

daft Kiom da belaj alternativoj posedas nia lingvo por esprimi tiun ĉi utilan nocion! Vi proponis sepon da ili: *stultemaj, frenezetaj, idiotaj, malsaĝetaj, ventokapaj, folaj* kaj – mia preferata, ĉar ĝi kaptas la etoson de la teksto – *azenaj*.

up the stick Signifas *graveda*, komprenable. Kaj vere ne necesas serĉi ian alternativon, ĉar la esprimo ne estas aparte pitoreska. Tamen unu partopreninto proponis *bebiz(iĝ)i*, kaj alia la esprimon *kuko en la fornon*. (Mi ial pensas pri la 35-a Sekreta Soneto...)

astoundingly bloody boring Samtempe forta kaj kliŝa esprimo, diversmaniere redonebla. Kiel oni fakte dirus tion en Esperanto, same flue? Tio verŝajne dependas de viaj parolkutimoj. *Mirige damne tede*, eble, aŭ *konsterne malbeninde*, aŭ *nekredeble aĉe*, aŭ *mirinde feke*, aŭ...?

fed on *Nutritaj per*.

slurry Tio ĉi estas «maldensa gluaĵo, duonfluida miksaĵo». La vorto *maldensa* ŝajnas necesa; ĉu *kaĉo, ŝlimo* aŭ *supo*? Ĉiuj same uzeblas, laŭ mi.

Coke Ŝajnas al mi tute klare, ke la vorto *kokakolo* estas pravigebla laŭ la 15-a regulo de nia Fundamento: kiom da vortoj estas simile internaciaj? (Mi memoras junan usonan esperantiston, kiu kutimis mendi anglalingve la trinkaĵon per la vorto *chicken-neck!*) [Sed PIV 2020 registras *kokakolao*, specon de *kolao*.]

La ŝtatekzamenaj rezultoj tiom lamentindas, ke ni devas agnoski fundamentan premison: la lernejoj ne plenumas siajn farendaĵojn. Verdire, al mi tute ne gravus ke la geknaboj finfine ne scias analizi propozicion, aŭ adicii kaj subtrahi, aŭ kiel enskribi petformularon por Solgepatra Ŝtatalimento, se tio fakte ne rezultigus, ke ju pli stultaj kaj malkleraj estas la geetuloj, des malpli probable ili aĉetos mian ĵurnalon aŭ miajn librojn, kaj sekve des malpli riĉa estos mi. Kaj ke ju pli azenaj ili estas, des pli probable ili gravediĝos aŭ gravedigos konfuzitan knabineton, el kio sekvos, ke mi forpagos pli da mono. Aŭ drivos al narkotaĵoj, aŭ deliktoj, aŭ domenrompoj, aŭ nur estos nekredeble tedegaĉaj, nutrite per maldensa kaĉo da terpomflokoj, kokakolo, televido kaj falsa memkonscio.

Traduko de Auld

19

institutions Kvankam *institucioj* tute taŭgas, kelkaj dividis mian senton, ke eble ĝi ne estus sufiĉe preciza. Oni proponis ankaŭ *georfaj institucioj, instancaj loĝejoj, fondaĵoj, amaszorgejoj*.

depression Sufiĉas diri *deprimo*.

to bond, bonding Por la verbo sufiĉas *(al)ligiĝi*. La uzo de *aglutini* estas lerta, sed eble tro metafora ĉar ties signifo estas «kunigi (gluecajn substancojn) en unu mason». Por la substantivo mi preferas *ligateco* – formon, kiun neniu el vi proponis! Unu friponino ne fidis Esperanton, sed lasis la anglan vorton «bonding», klarigante inter krampoj, ke ĝi estas angla vorto por idligado!

made an impression Plimulto diris simple *faris impreson*, kio estas zamenhofa kaj do ĝusta. Kelkaj tamen, kiel mi, prefere dirus *imponis*.

weaseled its way Tiu esprimo estas sufiĉe forta kaj bildiva, kaj cetere signifas malaprobon pri la rezulto; tamen nur du el vi rekte rekreis ĝin (*mustele enŝteliĝis, mustelete trudis sin*), dum unu preferis parencan specion (*martesis*).

trend-benders *Modkreantoj, modmodifantoj, tendenc-*

fleksantoj, laŭmoduloj, tendenco-turnantoj, modmanipulantoj, modmodlantoj estas kelkaj el viaj proponoj. Espereble vi konsentas, ke la lasta el ili estas la plej trafa (ĉar ĝi eĥas la rimon).

doom-mongers *Misaŭguristoj, pereoprognozistoj, katastrofoperantoj, fatalokolportantoj, kasandroj, profetoj de problemoj, pereo-perantoj*, ekzemple.

En du lokoj mi sentis nepre dezirinda postmeton de adjektivo: *infanoj senpatrinaj* kaj *ĝi estis ideo tre potenca.*

Dum la kvardekaj jaroj, sciencistoj raportis, ke senpatrinaj geinfanoj en institucioj malprosperas kaj suferas je deprimo. Al tio ili aldonis kelkajn avertajn fabelojn pri tio, kio okazas al anseridoj, kiuj malsukcesas interligiĝi kun anserpanjo, kaj al bovidoj, kiuj ne ricevas bonan postnaskan ĉirkaŭlekadon. Tio ĉi koncernis homojn tiom, kiom ovdemetado kaj remaĉado, kaj ĝi ŝutumis vaporantajn bulojn da kvazaŭscienca kulpeco sur adoptajn gepatrojn kaj gepatrojn de malsanaj aŭ antaŭtempe naskitaj beboj, sed ĝi ja faris impreson.

Dum la sekvaj **30** jaroj *interligiĝado* mustele enŝteliĝis en la vortaron de gepatroj, medicinistoj kaj sennombraj aliaj modmodlantoj kaj salajrataj pereperistoj. Ĝi estis tre potenca ideo.

Traduko de partopreninto

20

◀ p. 41

a woman of few ideas Kompreneble la laŭvorta traduko *virino de malmultaj ideoj* estas tute bona; tamen *virino malmultidea* estas pli konciza (kaj eble pli preciza?). Ĝi ankaŭ evitas tiun iom malfortan *de*, kion evitas ankaŭ la formo *havanta malmultajn ideojn*.

one Montriĝis, ke mi ne estas la sola, kiun ĝenis iom ŝvebanta *unu*, precipe pro la eventuala neceso akuzativigi ĝin. Unu partopreninto trovis la solvon, kiu trudis sin al mi: ripeto de la vorto *ideo*; alia lerte elturniĝis per *tiaĵon ekkaptinte*.

a treasure... she might never... Nur unu partopreninto rimarkis, ke *kian* estas pli ĝusta ol *kiun* ĉi-kuntekste.

stuck to it Plaĉas *alkroĉiĝis al ĝi*; sed ankaŭ *fiksiĝis al ĝi, tenadis ĝin, firmtenis ĝin*.

weighed in Interesa metaforo, ĉar mi sentas, ke ĝi ne devenas de la boksarto (*pesiĝi antaŭlukte*), sed jes de la navigado, analoge al la konataj (sed ĝenerale misliterumataj) *anchors aweigh!* kaj *get under weigh*. Do temas pri batalŝipo kiu direktiĝas al la malamiko. Gratulon al tiu, kiu proponis *ŝia ekbatala aspekto*, kaj eĉ belege kompletigis tiun propozicion per *imponegis al mi*.

impressed *Imponita* prefere ol *impresita*.

trussed up Tiu esprimo estas forte sugestia, kaj malfacilas redoni ĝin same forte. Ĉu *strikte vindita* (aŭ *volvita*)?

bosoms Nepre temas pri *mamoj* kaj ne *sino*. Tiu lasta plej ĝuste tradukas la anglan «lap».

mushrooms Ĉar mi ne estas spertulo aŭ fakulo, ĉiam kontentigas min la ĝenerala *fungoj*. Sed multajn tio ne kontentigas, do temas eble pri *agarikoj*, eble pri... sed eĉ PIV ne sukcesas decidiĝi inter *ĉampinjonoj* kaj *ŝampinjonoj*.

trug Ne necesas speciala vorto por tiu ĉi speco de *korbo*.

real Nur du el vi rimarkis la neceson pliprecizigi tiun ĉi nocion – finfine, ankaŭ kosmetika koloro estas reala! Unu prave tradukis per *natura*, kaj la alia trafe inversigis la komparon: *ne ĉiuj kosmetikaj*.

fired *Ardigis* aŭ *ruĝigis*?

determination *Neŝancelebla deziro* aŭ *decido*; *obstina volo*; *nepra intenco*; *firma decido*.

sleek and wicked Probable plej trafe *glata kaj malica*, sed ankaŭ *svelta kaj malbonintenca*.

on the scent *spuranta, ĉasanta, flarsekvanta, sekvanta odoron, predoflaranta*.

thrashing El la proponoj, nur *baraktanta* vere redonas sencon kaj senton.

shipwrecked Plej kontentiga ŝajnas al mi vortgrupo, ekzemple *el pereinta ŝipo* aŭ *post ŝippereo*.

Aemilia Faŭsta estis virino malmultidea, sed kiam ideon ŝi trovis, ŝi rekonis trezoron, kian ŝi eble neniam rehavos, kaj ŝi alkroĉiĝis al ĝi. Ŝia ekbatala aspekto imponegis al mi. Ĉivespere ŝi estis strikte volvita en malvkolora muslino, kun la du mametoj kiel du kele kulturitaj agarikoj dismetitaj en legomvendista korbo. Krenelforma diademo kuŝis rokfirme sur ŝia pala harkolono. Ardis sur ŝiaj vangoj helaj punktoj de koloro, parte natura. La obstina volo intervidiĝi kun Crispus igis ŝin glata kaj malica kiel spuranta ŝarko; la ĉambelano baldaŭ baraktis senspire kaj senespere kiel maristo el pereinta ŝipo, kiu jam ekvidis inkokoloran naĝilon.

Mozaika traduko

21

so far as I could see *Kiom mi povis konstati*; *ŝajnis al mi*; *laŭ mia scio*; *kiom mi komprenis*; *laŭ mia konstato*; *laŭ tio, kion mi vidis*; *laŭ mia imago*; *laŭ mi*. Multaj proponoj, ĉiuj akceptindaj!

one of Mirigas min, ke kelkaj ne scias, ke tio ĉiam tradukiĝas *unu el*. (Zamenhof foje uzis kaŝnomon *Unuel*, t.e. el la amikoj.)

Victorian Tio indikas, ke la domoj estis konstruitaj

dum la regado de nia reĝino Victoria (1837–1901). Sed ne ĉiuj en la mondo konas la britan historion kaj sekve oni povas konfuziĝi. Analogo estas, se oni aludas al dinastio Tang en Ĉinujo; mi ne scias pri kiu epoko temas. Cetere, *Victorian* difinas ankaŭ la arĥitekturan formon de la vilaoj. Unu partopreninto brave do proponis *konstruitaj antaŭ cent jaroj*, kaj tio certe estas pravigebla.

to woo *Logi.* La vorto *varbi* (vidu PIV) ŝajnas maltrafa en tiu ĉi kunteksto, kaj komprenebla *amindumi* estas tute alia afero.

kilt *Kilto* troviĝas en PIV (kune kun *kimono*, *ĥitono*, ktp), do supozeble internacie komprenata. Verŝajne mi estas la sola, kiu tentiĝas uzi *virjupo*.

work *Posteno.*

honorary Ankaŭ en Esperanto oni uzas la esprimon *honora*, sed unu partopreninto trafe diris *sensalajra*.

to the tumbrils with him! Ĉiuj komprenas, ke temas pri la ĉaroj, en kiuj mortigotoj veturis al la gilotino dum la Franca Revolucio. Sed la ĉaroj vere estas flanka afero. Tial mi ne hezitas traduki per *lin al la gilotino!* (Necesas koncizeco de slogano.)

time *Epoko.*

hill *Deklivo,* ne *monteto.*

appeared *Vidiĝis.*

firth *Estuaro.*

flintlock Jen vera problemo. Mi proponas *silikfajriga pafilo.*

country *Patrio* aŭ *patrujo.*

would *Kutimis,* ne *-us.*
the lid of his cap *La kaskeda viziero,* probable; la angla ne estas tute klara.
pushed on *Pluiris.*

★ ★ ★

Laŭ mia konstato, enhavis la vilaĝo nur unu el tiuj klasmalamikoj. S-ro Huston loĝis en unu el vico de Viktoriepokaj vilaoj proksimaj al la stacidomo, kiuj estis spekule konstruitaj je klopodo allogi pendolvojaĝantojn el Edinburgo trans la novan ponton. Li portis kilton kaj fortikajn ŝuojn najlumitajn, kaj havis nenian evidentan postenon krom ia sensalajra ofico en la Skota Eklezio. Lin al la gilotino! Sed ankoraŭfoje privataj malameroj de mia patro cedis fronte al individua homeco. Dum la epoko, kiam mi atendis hejmrevenon el laboro de mia patro kaj malŝarĝiĝis pro konstato, ke li ankoraŭ vivas, ni de tempo al tempo renkontis s-ron Huston sur la deklivo. Li vidiĝis majeste, kun svingiĝanta kilto, ŝuoj fajrerantaj kontraŭ la strato kvazaŭ pafiloj silikfajrigaj, kapo levita, brusto antaŭenŝovita, helaj okuloj, kiuj ensorbis la Estuaron kaj la transajn montetojn, kaj ŝajnis diri: Jen estas la patrujo de Dio.

Mia patro kutimis halti, levi sian kaskedan vizieron, kaj apogi sin momente per la bicikla direktilo.

«Jen bela nokto, s-ro Huston.»

«Agrabla nokto por promenado, s-ro Jack.»

Ni pluiris supren kun la klakanta biciklo.

Traduko de Auld

22

◀ p. 43

tin-pot Valoras imiti la metaforon. Alternativoj (*subrangaj, senmeritaj, nesolidaj,* kaj aliaj) ne sufiĉe esprimas malestimon. Do mi uzus *tombakaj*.

snouts Ankaŭ malestima: *porkaj nazaĉoj?*

American Dusenca, sed ĉi tie certe *usona*.

lobby-world Laŭsence *premgrupmondo*.

the old days *La forpasintaj tagoj,* laŭ la ekzemplo de Motteau. Sed unu partopreninto atutis tion, laŭ pura Burns/Rossetti: *la iamo longe for.* Valoras vivigi niajn tradiciojn!

he takes the example *Li prenas kiel ekzemplon.* Mirigas, kiom da homoj ellasis tiun akuzativon.

Romanian Certe ne nur la angla sed ankaŭ Esperanto devas agnoski la rumanian deziron nomiĝi *Romanio* ekde nun.

native soil Unu tre kapabla partopreninto tamen lasis netuŝitaj la anglajn vortojn, kun esperanta traduko inter krampoj. Sed la anglaj vortoj estas mem traduko el la pola, do fakte li/ŝi ne ĝentilis al la originalo, sed nur al ĝia angla transpreno...

for En tiu ĉi kunteksto ĝi ne vere tradukiĝas *por*. Oni uzas la jidan *kun* koĉero, la litovan *kun* servistino, la polan *en* edukado, kaj la germanan *kun* aŭ *ĉe* dentisto. (Notu, ke artikolo estas ĝusta antaŭ la lingvoj, sed malĝusta antaŭ la alparolatoj!)

not much chance of that *Tio nuntempe apenaŭ eblas.*

absurd fusses are made *Oni absurde ekscitiĝas; oni kreas ridindajn agitadojn.*

provides for *Permesas; ankaŭ rajtigas.*

give it an inch, and it takes a mile Kvankam sufiĉas metrigi la proverbon (*ricevinte centimetron, ĝi postulos kilometron*), proponiĝis ekzemple: *ricevinte fingron, ĝi tutan manon postulos; se vi cedos al ĝi sableron, ĝi prenos la plaĝon.*

Moynihan vidas la alvenon de sennombraj tombakaj regantoj kun porkaj nazaĉoj en la usona mondo de etnaj influistoj. Li ne ŝatas ĝin, taksas ĝin neevitebla, kaj skribas iom nostalgie pri la iamo longe for. Personoj diversetnaj havis vivon komunan; kiel ekzemplon li citas la Nordromanian urbon Hirlau, sed li estus povinta, egale trafe, uzi ekzemple *Hejman Teron* de Czeslaw Milosz, en kiu la diversaj popoloj de malnova Vilno monopoligas diversajn profesiojn, kaj kie oni uzas la jidan kun koĉero, la litovan kun servistino, la polan en edukado, kaj la germanan ĉe dentisto. Tio nuntempe apenaŭ eblas. Eĉ en komforta okcidenta Eŭropo, oni kreas ridindajn agitadojn – aparte la Flandroj, kontraŭ la Valonoj, en Belgio. En la antaŭurboj de Bruselo leĝo nun rajtigas la rompon de franclingvaj televidaj kabloj, kaj se vi ekiras al Francio estas konsilinde ellerni la flandrajn nomojn de francaj urboj, ĉar se vi ne estas aŭdinta pri «Rijssel», vi maltrafos la urbon, kiun ĉiu en la mondo rekonas kiel «Lille». Tia naciismo nun ŝajnas tiel malestiminda kiel nehaltigebla: se vi cedos al ĝi sableron, ĝi postulos la plaĝon.

Traduko de partopreninto

23

watch *Rigardu* kaj *spektu* egale validas, kiel ankaŭ *observu*.

TV Strange, la vorto *televido* (kutima uzado de plimulto) ne estas difinita en PIV. Ĝi tamen aperas en la difino de *televizio*: «Tekniko kaj ĝenerala organizo de la televidado». En la nunaj tempo kaj konteksto, ambaŭ formoj verŝajne validas. Feliĉe, jam delonge malaperis eĉ tria alternativo: *televideo*! [PIV 2020 rekomendas *televido* anstataŭ *televizio*.]

rites of passage Tiu esprimo aludas al diversaj ceremonioj, kiujn devas travivi adoleskantoj en diversaj komunumoj antaŭ ol esti akceptataj kiel plenkreskuloj. Oni metaforigis tiun ideon por priskribi adoleskulajn kutimojn ankaŭ en nia socio. Tial ŝajnas al mi, ke taŭga traduko de tio estas *inica ritaro*. Alternativoj, kiel *ritoj de pasado*, kaj similaj, kvankam laŭvorte ĝustaj, verŝajne ne transdonas komprenon al alilingvanoj, kiuj ja rajtus scivoli: kia pasado? Tamen *maturiĝritoj* trafas la ĝustan signifon.

embark upon Kvankam laŭvorte tio estas metaforo laŭ la signifo *surŝipiĝi*, verŝajne plej taŭga traduko estas *ekpartopreni*.

hair Kvankam *haroj* evidente ĝustas, plaĉis al mi la propono de *frizuroj*. Bedaŭrinde tiu vorto ne troviĝas en PIV. Ĉu do ni parolu pri *frenezecaj frizaĵoj*?

plausible Tiu vorto ĉiam enhavas nuancon de suspekto: li ŝajnigas sin kredinda, sed mi ne certas pri tio. Sekve, esperanta traduko starigas malfacilaĵojn. Ĝenerale oni kontentiĝis per *kredeblaj* – sed kie la suspektemo? Iu brave tradukis: *ludas tute konvinke sian rolon*. Tamen plej plaĉas al mi *kredigaj*, ĉar ĝi sugestias klopodon de la prezentisto kredigi sin.

takes on board *Dungas* (aŭ *engaĝas*). Alie: *surekranigas*.

on marijuana *Sub influo de marihuano*. *Kanabo* estas la plantajo; *marihuano* estas la drogo.

takes the piss out of Simple *mokaĉas* aŭ *ridindigas*, kvankam iu riskis *pugigas*.

authorities *Instancoj* ŝajnas pli neta ol *aŭtoritatuloj*.

literacy Diversaj tradukoj: *alfabetismo*, *skribkapablo*, *legpovo*, *lerninteco* (bela vorto!). «Literacy» povas esti ĉiu el ili; sed ni prefere demandu al ni: kion precize mokis la prezentisto? Kaj mi opinias, ke ni devas konstati: *klerecon.*

I simply must stop Plej esperantece: *mi prefere ĉesu* aŭ *haltu.*

gone too far *Troigis* ne kontentigas min, eĉ se ĝi estas pravigebla. Tamen kontrasto inter *troigis* kaj *maltroigis* estas loga. Pli bona estas *tro ekstremiĝis.* Plej plaĉas tamen *mi certe kritikas tro forte.*

quick flashes *Ekaj eretoj, fulmbildoj, ekfulmoj, brileksplodoj.*

subliminal Kvankam mi persone sentas, ke *subkonsciaj* sufiĉus ĉi tie, tamen la vorto *subliminalaj* troviĝas en PIV kaj ŝajnas uzenda. [Tamen PIV 2020 rekomendas *subsojla* anstataŭ *subliminala.*]

is never questioned *Neniam pridubas; neniam kontrolas; neniam ekzamenas.* Notu, ke ĉiuj pli sukcesaj tradukintoj elektis (prave) aktivigi la pasivon, kio oftege konvenas en esperanta traduko el la angla.

Spektu porinfanan televidon. Vidu al kia pagana inica ritaro la infanoj nuntempe submetiĝas. Tre junaj prezentistoj kun frenezuleskaj frizaĵoj babiladas senĉese kameraen kaj estas ja tre kredigaj. Iufoje la televido engaĝas oldulĉjon kiu ŝajnigas sin same nematura kiel lia publiko, aspektas simila al Humbert Humbert sub influo de mariĥuano, kaj primokas sin mem, gepatrojn, instancojn, sencon, logikon kaj klerecon. Ĉi-punkte mi prefere haltu: mi certe kritikas tro forte.

Sed ne. Mi ne kritikas sufiĉe forte.

Porinfaneta televido ne informas; ĝi komunikas per fulmbildoj preskaŭ subliminalaj, kaj la informojn, kiuj esprimiĝas, neniam pridubas la faristoj de tiuj ĉi elsendoj.

Mozaika traduko

24

had... drawn breath Ŝajnas al mi, ke participigo ĉi tie estas nenecesa, kaj simpla paseo sufiĉas. Ni uzu participajn formojn nur, kiam vere necesas.

craftily Plimulto tute prave elektis *ruze*. Tamen du alternativojn mi trovis atentindaj: *filerte* eble eĉ pli proksimiĝas al la senco de l' originalo (vortaristoj ĝin notu!); *la fripona vento* certe adjektivigas la adverbon, sed tio bontempe memorigas al ni, ke bona traduko ne ĉiam devas sekvi la frazkonstruon de la originalo. Kiel diris Waringhien (kvankam oni malmulte atentis): ne vortojn oni tradukas, sed signifojn!

to light a consoling Lucky Kvankam tiu marko de cigaredo estas tutmonde konata (en kelkaj lokoj ĝi servis/as kiel valuto), ni karambolas ĉi tie kun la eterna problemo: kion fari pri tiaj nacilingvaj nomoj? Ke ĝi estas marko de cigaredoj klare montras eĉ al nesciantoj la kunteksto. Sed kion fari pri la akuzativo? Nu, la fakto, ke antaŭas ĝin normala adjektivo «consoling» ĉi-foje savas la tradukanton, ĉar (kiel plimulto rimarkis) sufiĉis skribi *konsolan Lucky*. Notindas, ke du el vi, kiuj forgesis pri tiu adjektivo, trafis tuj en embarason. Ankaŭ notinde, ke unu el vi ekprovis la ne tute seriozan proponon de R. Doso [en letero presita samnumere] kaj liveris *brulantigi no konsolema Lucky*. Eble tio pensigas, se mankus adjektivo, ke la propono (en limigita kadro) ne estas tute senmerita?

puffed out Kvankam *blovestingis* estas la normala formo, tamen iom ĝojigis min ricevi la varianton *ek-eksflamigis*.

dozens Tio estas anglalingva esprimo, cetere ne preciza. Sufiĉas *dekoj*.

a trick up its sleeve El diversaj proponoj plej kontentigas min *truko en rezervo*. *Truko* mem havas diversajn alternativojn: *artifiko, petolaĵo, ruzaĵo*. Al mi aparte plaĉas *petolaĵo*.

the time it usually took *La kutima daŭro*.

had words with Bela angla esprimo, laŭ mi, kaj ne facile tradukebla. Ĉu uzi *kverelis, protestis al, riproĉis, disputis*? Probable tiu lasta plej proksimas.

poised Tradukoj kiel *ŝvebanta* kaj *pendanta* ne taŭgas, ĉar ili ne sufiĉe indikas agopreton. Pli bonaj estas *impetema, minaca* kaj *embuska*, kaj mi ne deziras papumi inter ili. En okazo de neceso, mi verŝajne elektus tiun lastan.

slap and tickle Iom pli fizika ol simpla *flirtado*. Verŝajne *amora amuzado* aŭ *amorludado*.

sexier Interese, ke tiu vorto esprimas dudirekte: ĉu la virinoj estas *amoremaj* aŭ *amorindaj*? La dua pli plaĉas al mi; sed se ni jam uzis la radikon *amor-*, ĉu ne preferinde eviti ĝian ripeton? Do eble uzindas *voluptindaj*.

the poor bugger Jen kliŝo, kiu esprimas samtempe kompaton kaj iom da malestimo. Necesas trovi tradukon, kiu estu laŭeble simile kliŝa. Pro tio mi elektas *povrulaĉo*.

blundering Nek *fuŝiri* nek *erarvagi* en si mem sufiĉe precizas. *Stumbla* estis populara, sed mi ne sukcesis bildigi al mi la oceanon en stumblado. Plej proksima traduko: *karambole iregis*.

watch it Plej idiotisma (kaj kutima) estas *gardu vin*, kvankam *zorgu* kaj *atentu* estas akcepteblaj.

any more... you hear? Jen flue idiotisma frazo, por kiu oni devas trovi ĝustan tonon samtempe kun verŝajneco. El tri aparte feliĉaj solvoj mi elektas por via delekto jenan: *Se vi plu stultumos, damne, mi pisos en vin, kaj tio ŝanĝos vin TUTMONDE, ĉu komprenite?*

Eĉ pli malbone, la vento re kaj re ruze enspiris ĉiufoje kiam Kramer penis ekfajrigi konsolan Lucky, kaj blovestingis lian alumeton je precize sama momento kiam la flamo atingis la tabakon. Kaj eĉ kiam, post dekoj da provoj, li fine sukcesis fajrigi la cigaredon, la vento ankoraŭ havis unu trukon en rezervo: ĝi igis la tabakon brulegi tiel arde, ke la tuto elĉerpiĝis en ono de la tempo kiun ĝi normale bezonus, lasante aĉan postguston.

Li havis argumentojn kun la maro antaŭe. Ĝi ŝajnis grandega kaj senrezona, embuske malantaŭ lia dorso, plenigita per malhelaj misteroj kaj hororoj, proklamanta sian enorman potencon per la bordondoj kiuj muĝis super la ŝirkrio de la vento, tiom ke li tute ne estis certa, ke ĝi restos pli longe sub la ternivelo, sed povus decidi ke ĉi-nokte venas la tempo por amora amuzado inter la pli voluptindaj sinjorinoj de Jafini, ne pensante pri la povrulaĉo, kiun ĝi dronigis sur la plaĝo tien erarvagante.

«Gardu vin,» li avertis, «se vi plu stultumos, damne, mi pisos en vin, kaj tio ŝanĝos vin *tutmonde*, ĉu komprenite?»

Traduko bazita sur tiu de partopreninto

25

◀ p. 46

minding our own business Zamenhof en la *Proverbaro* liveris al ni la perfektan *Ne ŝovu la nazon en fremdan vazon*, kiu iam estis ĉie uzata. Nun verŝajne kaj bedaŭrinde malpli, samkiel ĉe aliaj proverbaĵoj, kiuj devus esti bazo de niaj ĉiutagaj kliŝoj. (Studu tiun libron ĉiuj tradukemuloj!) Do: *se ni ĉiuj ĉesus ne ŝovi la nazon.*

nosy-parker Ankaŭ ĉi tie eblas *nazenŝovulo*, sed ankaŭ trafaj variantoj: *sinenmiksemulo, scivol(em)ulo, ĉionsciemulo, enmiksiĝemulo* (la plej popolara ĉe vi!). Eblas diri *nazumulo*, kondiĉe ke oni konsciu, ke *nazumo* = okulvitroj fiksitaj sur la nazo per pinĉa risorto. (Kompatinda Jesuo, kiu loĝis ĉirkaŭate de *Naza-reto*!)

up to Postulas *faraĉas* anstataŭ simple *faras*. Eblas uzi ankaŭ *celas* aŭ *planas.*

kept an eagle eye out for *Aglokule gvatis.*

gossip, etc En tiaj kuntekstoj la sufikso *-ul* estas praktike sengenra; oni evitu aldonon de *-in* krom se necesas substreki la inecon.

twitching net curtains Ne temas pri *retoj*. Prefere: *puntokurtenoj*. Ili *spasmas* aŭ *tikas* aŭ *tremetas*, laŭvole.

were being noted *Estas rimarkataj* aŭ *rimarkiĝas*. En frazoj komenciĝantaj per *ke* aŭ *ĉu* post ĉeffrazo, en kiu la verbo estas pasinteca (-is), la finaĵo indikas la tempon de la verba ago en la momento signita de tiu -*is*. Tio estas ekvivalento de iuj anglaj «perfect tenses»:

> *rimarkiĝas* = were being noted
> *rimarkiĝis* = had been noted
> *rimarkiĝos* = would be noted

central Kvankam *centran* evidente eblas, pli preciza estus *pivotan*, aŭ eĉ *esencan*, sed ne sufiĉe precizas *gravan*.

inhibiting Signifas *malhelpo*, aŭ vi eble preferas (kial?) *prevento*. Sed *inhib(ad)o* ne ekzistas, kaj *inhibicio* estas io tute alia!

crime Nepre devas esti plurala en la kunteksto, ĉar la manko de nedifina artikolo en Esperanto nepre singularigas la vorton *krimo*. Alternativoj estas *krimado* kaj *krimfarado*.

today *Nuntempa* preferindas ol *hodiaŭa*, kvankam tiu lasta ja estas uzata laŭ metafora, ne nur preciza, senco.

privatised Jen ekzemplo de inside eŭfemisma anglalingvaĵo, kiu vere ne devus kotigi la akvon de Esperanto. Ĝi fakte ne signifas «igi privata» (vidu PIV), sed «igi malŝtate posedata». Kiel do mi volas solvi la aktualan tradukan kunteksto? Nu, *nia kulturo diskomunumigis la familiojn*. Certe malmultaj el vi aliĝos al mia vidpunkto!

wrong Ne surprize, la partoprenintoj inter si proponis sep diversajn solvojn de tiu ĉi grava sed tro larĝgama vorto: *malĝusto, maljusto, malbono, malpravo, malbonfareco, malvirto, peko*. Ĉiun el ili oni probable povas pravigi. Kiel mi, la decidisto, arbitras? Efektive mi elektas okan eblecon: *ĉar ekzistas jam nenio riproĉebla.*

in a position to El diversaj solvoj proponitaj, plej trafa estis *kompetentas.*

turn a blind eye *Ŝajnigas ne vidi.*

informed Ol *informita* mi ja preferas (eble tro libere) *saĝa.*

★ ★ ★

Ja pli bone estus, se ni ĉiuj ĉesus «ne ŝovi la nazon», kiam temas pri junaj infanoj: la vilaĝa sinenmiksemulo, kiu demandis al junuloj kion ili faraĉas, kaj kien ili iras; la urba klaĉulo, kiu akravide gardis kontraŭ misuloj; la spasmetantaj puntokurtenoj, kiuj signalis, ke la eventoj sur la strato estas rimarkataj – ĉiuj ludis pivotan rolon en malhelpo al krimoj, inkluzive de forrabado de infanoj. Pasintece, plenaĝuloj ne timis uzi sian aŭtoritaton, kiam io aspektis misa.

Sed nia nuntempa kulturo privatigis la familion, timigis respondecajn civitanojn, kaj disvastigis la vidpunkton, ke ĉar ekzistas nenia malĝusto – nur «personaj preferoj» – neniu estas en bona stato por esti «prijuĝema» pri io ajn. Pro timo tiel aspekti, ni intence ne vidas eĉ kiam informita konscienco instigas nin agi alie.

Traduko de partopreninto

26

Unu partopreninto epitetis tiun ĉi tekston «porkaĉo». Se li pravas, tio nur konfirmas, ke eble eĉ por denaskaj scipovantoj la angla lingvo ne ĉiam estas senproblema...

kennel their dogs Diversaj proponoj: *vartigas, loĝigas, enejigas, malliberigas, endomigas, tenas, pensionigas*, ĉiuj eblas. Sed plaĉas al mi (en la kunteksto) solvo de du el vi, rekta simpleco de *estas ilia hundejo*.
   to dig me out *Elfosi min*. Kelkaj skribis *elfosigi min*, sed tio signifas, ke Filisa igis iun alian elfosi!
   salivating beef Ĉar temas pri hundo, *bovaĵo* estus rekte miskompreniga. Proponiĝis *muskolaro, dikmuskolaĵo, muskolamaso, viand(aĵ)o, karno*, sed plej plaĉis al mi *karnamaso*. *Salivanta*, kompreneble, sed *bavanta* eble pli pitoreskas en la kunteksto.
   bad breath Ŝajne facila; tamen... Ĉu *putra spiro, haladza spiro, spiraĉo, odoraĉa elspiro, fispiranta, fetora spiraĵo*? La zamenhofa *fetora* plaĉas. (Sed iu el vi konstatu, ke *malodoro* signifas mankon de odoro!)
   ketchup bottle *(Tomato)saŭcbotelo*.

brandy Tradicie *konjako*. La vorto *brando* ampleksas tre diversajn alkoholaĵojn.

fetched the brute clouts Diversmaniere esprimebla, sed plej pitoreska estis *regalis la bruton* (aŭ *bestaĉon*) *per batoj*.

aggravated assault En Skotlando, en skota juro (kiu estas komunuma), konata fakesprimo kortuma, sed verŝajne ne en angla juro (statuta). Jure, «assault» estas *atenco*, kaj varias inter vortaj minacoj kaj batado preskaŭ ĝismorta. Do oni distingas inter malpli kaj pli gravaj atencoj. (En *Anglajura Terminaro* de Ian Jackson ni trovas diferencigon inter *atenco* = «assault» kaj *atenco kaŭzinta* = «occasioning actual bodily harm»; surprize, en la pli skota *Jura Terminaro* de Thom la vorto *atenco* ne estas registrita.) Nu, mi elektas *egalus al atenco plej grava*.

take his lumps *Toleri sian punon*. Eblas alternativoj. Iu el vi konjektis, ke la esprimo estas usona; mi ne scias, sed ĝi estas uzata en okcidenta Skotlando. (La romano lokiĝas en Glasgovo, sed estas anglalingve verkita.)

cool it *Malardiĝi, trankviliĝi, malekscitiĝi, kvietigi sin*.

screwnails Mi estis 22-jara antaŭ ol oni informis min, ke tiu termino estas skota, kaj la angla ekvivalento estas «woodscrews». Ĉiuokaze, la esperanta termino estas *ŝraŭboj*, sen aldonaĵoj.

★ ★ ★

Se Jean-Paul Sartre pravas kaj la Infero estas aliuloj, supozeble do ilia hundejo nomiĝas Purgatorio. Filisa Ŝerman devis pli-malpli elfosi min el sub lavango da bava karnaĵo kaj fetoraj elspiroj, kiu nomiĝis Faradeo, hundo sanktbernarda, kiun vestis tomatosaŭcbotelo tie, kie oni atendus vidi tradician konjakbareleton. Filisa regalis la bestaĉon per batoj, kiuj kulpigus pri atenco plej grava se direktitaj kontraŭ homon. «*Fa-ra-deo* (bat bat) ĈESIGU! (bat bat). Uf, bestaĉo. Kiu ligis al vi tiun stultan botelon? Jasono... Jasono, tuj alvenu!» Sed juna Jasono, kiu atendadis Alpecan saviĝon el sub «neĝ»-amaso en la tolaĵoŝranko, saĝe decidis resti kaŝita kaj lasi, ke Faradeo toleru sian punon. Finfine la sanktbernardulo estis kondamnita trankviliĝi dum kelka tempo en la kelo, kvankam eĉ de tie lia bojado tiom laŭtegis, ke ĝi pensigis pri subteno de duono de l' Hundeja Klubo. Liaj fortaj kontraŭpordaj kapobatoj minacis baldaŭan eksplodon de torditaj ĉarniroj, flugantaj ŝraŭboj kaj tuja segpolvo.

Traduko de Auld

27

Xerox photocopying *Kserografio* (kvankam aliaj solvoj eblas).

television Ĉi-kuntekste, ĉu temas pri *televido* aŭ *televizio*? Don Lord klare diferencigas tiujn vortojn [samnumere: *televizio* signifas «tekniko kaj ĝenerala organizo de la televidado», sed *televidi* signifas «vidi per televizio»], kaj en la nuna kunteksto certe uzus *televizio* (sed tio ne signifas, ke *televido* ne akceptindas!). [PIV 2020 rekomendas *televido* anstataŭ *televizio*.]

computers *Komputiloj, komputoroj* kaj eĉ *komputeroj* aperis ĉi tie. Ĝis nun nia mondeto ne findecidis pri la ĝusta termino, kvankam mia larĝa legado en nia gazetaro supozigas al mi, ke la plej uzata estas jam *komputiloj*. [Ĝuste tiu formo intertempe konkretiĝis, kaj estas rekomendata en PIV 2020.]

specialist Kvankam pli-malpli ĉiuj el vi uzis *specialisto*, kiu estas pli-malpli pravigebla laŭ PIV, mi tamen forte sentas, ke la ĝusta esperanta vorto estas *fakulo*.

against Plaĉis al mi la esprimo *spite al kontraŭaj konsiloj*.

confound Kvankam pluraj uzis la vorton *konfuzi*,

mi tamen opinias, ke ĝi estas neĝusta. Mia elekto estus *konsterni*, kaj mi ĝojas rimarki, ke unu el vi konsentas kun mi!

self-gratification *Sinplaĉado* aŭ *memkontentigo*.

long-playing record, hovercraft Jen ekzemploj de tio, ke Esperanto kapablas esprimi dumaniere fakajn specialaĵojn – per enkonduko de nova termino, aŭ per profitado el la vortkonstruaj kapablecoj de la ekzistanta lingvo. *Mikrokanelita disko* aŭ *longedaŭra (longluda) disko?* *Teraplano* aŭ *ŝvebŝipo* aŭ *kusenveturilo?* Mi opinias, ke kreado de fakaj terminoj estas ofte mistifike nenecesa, kaj preferindas la kunmetado – laŭ la ĉina maniero, ne la angla! Aliflanke...

holography ... kiel esprimi tion sen la termino *holografio?* Ĉu *reliefa fotado?*

tape-recording Denove elekto: *sonbenda* aŭ *magnetofona* registrado?

chromium-plating Ĉiam ĝenis min la karambolo de *kromo* kun *krom* (eble ĉar poeto foje elizias!). Tamen *krom(iz)ado* ne starigas problemon.

power steering *Stirado motorfortigita* aŭ *relajsa* aŭ *motorhelpata* (sed ne *pova!*).

gas fridge *Gasfridujo* (ne *gaz*-, kiel du el vi skribis!).

undertaker *Funebraĵisto*. Ĉu *enterigisto* do estas tiu, kiu fosas tombotruojn?

★ ★ ★

Kserografiado, televido, transistoroj kaj la surdiska memoro en komputoroj estis ĉiuj evoluigitaj kontraŭ la konsilo de specialistoj, kaj oni povus rajte argumenti, ke sen la stimulo konsterni la fakulojn tiuj eltrovaĵoj eble neniam estus faritaj. Memkontentigo kaj la ekscito de persona penado donis al ni la mikrokanelan sondiskon, ŝvebŝipon kaj raketojn, holografion kaj magnetbendan sonregistradon, kiuj ĉiuj estis produktoj de sendependaj mensoj, laborantaj dum sia libera tempo. Kaj kromado, jet-maŝinoj, relajsostirado, la helikoptero kaj la globkrajono estis ĉiuj evoluigitaj de specialistoj laborantaj sen direktado de supre, kio prezentas argumenton kontraŭ celorientita esplorado, kiu estas mem nova modo en scienca politiko.

Ĝuste kiomgrade la socio dependas de privataj energioj de unuopuloj pli ol de la ordigita potenco de granda scienca institucio videblas en ekzemploj kiel tiu de la juristo, kiu inventis modernan fotokopiadon, aŭ de la sendanĝera razilo, kiun perfektigis vendisto de botelŝtopiloj, la studento, kiu inventis la gasfridujon, la bestkuracisto, kiu elpensis la pneŭmatikon, la koncertmuzikistoj, kiuj donis al ni kolorfotografion, kaj la aŭtomata telefondiskad-sistemo, inventita de funebraĵisto.

Traduko de partopreninto

28

in contemplation Kompreneble oni povas diri *en kontemplado*, sed ekzistas ankaŭ ebleco diri *kontemplante* (kiun mi mem preferas). Interese estas, ke la ĉinoj ofte preferas *en-ado*, kie okcidentuloj pensas unuavice pri formo participa: *sportistoj en kurado* anstataŭ *sportistoj kurantaj*.

would Tio ĉi *ne* estas kondicionalo. Ĝi indikas ripetiĝantan agon, ne necese regule okazantan. Por tio ni havas la sufikson *-ad*, sed tiu solvo havas du malavantaĝojn. Troa uzado riskas fariĝi monotona, sed pli grave *-ad* povas signi ne nur ripetadon sed ankaŭ daŭron (*laboradis*). Ofte uzata solvo estas *kutimis*, sed ankaŭ tio ne estas (en la aktuala kunteksto) tute kontentiga. Min logis la solvo *reade*, tamen fine entuziasmigis min *de tempo al tempo*, kiun iu sugestis sed mem ne uzis. Tiu solvo ŝajnas al mi perfekta.

form *Formiĝis*, sed plaĉas ankaŭ la traduko *estiĝadis*.

scudding, lengthening, darkening Kvankam pravigeblas participoj adverbaj, mi preferas adjektivajn. «Scudding» = *peliĝanta*, *ventopelata*.

would be Tio daŭrigas la adecon de la pasinta okazaĵo, kaj *ne* aludas estontan agon; sekve *-is*.

some hundred feet Tio signifas «proksimume cent futojn». Kelkaj mislegis «some hundreds of feet» (*kelkcent*). Oni rajtas kompreneble metrigi: *eble tridek metrojn*.

end Nur unu partoprenanto uzis la – laŭ mi, preferindan – vorton *ekstremajo*.

scamper, bluster Plaĉis *galopeti* kaj *ŝtormumi*. Cetere, jen oportuna momento atentigi, ke stilaj variaĵoj tre ofte eblas. Vidu kiel unu el vi formis sian propozicion: ... *peladis sin norden, galopetante kaj bruminacante*.

workmanlike *Metiiste* aŭ *metiece*. La esprimo «to have each wave tumble» sugestias konscian aranĝadon de la ondiĝo!

smacking Eblas *klakado* kaj *frapado*, sed sonsugestie plej bonas *ŝmacado*.

sleek Unuavide nia plej proksima radiko estas *glata*, sed la nuancon de «sleek» klopodis krei unu partoprenanto per *glatfela*. Plej sukcesis *velureca*.

mess Elektiĝas sep alternativoj: *kaĉo, malordo, konfuzaĵo, malpuraĵo, miksaĵo, aĉaĵo, fatraso*. Laŭ via plaĉo.

sprays Plimulto preferis *ŝprucoj*. Sed kial ne la alternativoj *strietoj, strekoj, aspergaĵoj*? Cetere, unu el vi tradukis «smoke» per *raŭk-*, verŝajne pro influo de l' germana lingvo!

coming in, going out *Enflui* aŭ *alflui*? *Elflui, reflui* aŭ *forflui*? Eble plej simple diri *flusi, malflusi*!

★ ★ ★

Do li sidadis dormeme kontemplante la maron. De tempo al tempo en malproksimo formiĝis ombro sur la akvo, kiel ombro de iom larĝa lignotabulo, alsturmanta borden, kaj plilongiĝanta kaj plimalheliĝanta alproksimiĝante. Baldaŭ ĝi estis eble cent futojn longa, kaj ekhavis malmolan glatan senlumecon, similan al verda ŝtono: tio estis la malsupraĵo de la ondo. Poste ĝia supro kazeiĝis, la suda fino de la ondo kolapsis, kaj rapidege tiu blanka plumeca falaĵo plonĝis kaj peliĝis kaj tumultis norden, tra l' tuta longo de la ondo. Estus pli nete kaj pli metiece, se ĉiu ondo falus kiel kompletaĵo. El la ŝmacado kaj plaŭdado, io simila al bolanta lakto kutimis elpuŝiĝi sur la brunan glatan sablon: kaj dum la fatraso disvastiĝis, ĝi maldensiĝis al reteca blanko, kiel punto, kaj poste al aspekto de fumŝprucoj kroĉiĝantaj al la sablo. Klare, la tajdo enfluas.

Aŭ eble elfluas.

Traduko de Auld

29

sober Eblas *sobra*, laŭ la figura senco *senpasia*, sed pli plaĉis al mi *malsprita*.

unimaginative La plej trafa kaj ĝusta traduko estas *senfantazia*.

lot Tio ĉi kaŭzis problemojn, kiujn oni diversmaniere solvis. Tamen se mi verkus tiun koncepton senpere en

Esperanto, mi ellasus ĝin: *Entute, kuracistoj estas sobraj kaj senfantaziaj*. Kun plezuro mi konstatas, ke du el vi konsentas. Ankaŭ gajnis poenton *sobraj homoj*.

have taken to *Ekkutimis*. Prave unu partopreninto atentigas pri la «nuanco de entuziasmo» en la angla frazo.

propagating *Disvastigi*.

view of the world *Mondperspektivo*.

zeal *Fervoro* (aŭ *entuziasmo*) bone tradukas, sed iu preferis *zeloteco*. Du el vi aperigis radikon *zelo*, kiun mi vidis malzele: de kie oni trenis tiun nenecesan kaj malakceptindan vorton, kiun eĉ PIV ne registras?

piquancy *Spico*. Plaĉis *buntigas kaj spicigas la vivon*.

sex Damninda influo de la angla lingvo emas malprecizigi nian vorton *sekso*, kiu simple aludas la distingon *maskla-femala*. Ĝustaj estas *amoro* kaj *seksumado*.

must be good for us *Nepre bonefikas al ni*.

medical experts *Medicinaj fakuloj*.

contrariwise *Inverse*.

what is the evidence *Kio pruvas*.

central *Kerna* (prefere ne adverbe).

measuring the experience of pleasure *Mezuri spertatan plezuron*.

ease and amplify *Faciligas kaj pli ĝuindigas*.

amenable to statistical measurement *Senprobleme mezureblas statistike*.

health evaluation of the costs and benefits *Takso pri la kostoj kaj la avantaĝoj por la sano*.

★ ★ ★

Entute, kuracistoj estas malspritaj kaj senfantaziaj. Efektive, dum lastatempaj jaroj ili ekkutimis disvastigi kun misiista fervoro mondperspektivon puritanan. Ĉiun plezurigan okupon, kiu havigas al la vivo guston kaj spicon – alkoholon, tabakon (kompreneble), teon, kafon, epikurajn pladojn kaj amoron – oni iel-tiel anatemis kaj kulpigis pri misfortuno, kripligo kaj morto.

Ĉio ĉi tre strangas, ĉar celado al plezuro, laŭdifine, nepre bonefikas al ni.

Ekestiĝas do du demandoj. Kiel kaj kial medicinaj fakuloj provis montri, ke niaj plezuraj okupoj estas misefikaj, kaj, inverse, kio pruvas, ke la plezuro fakte bonefikas al ni?

Kerna al la malekvilibra emfazo en la fakulaj deklaroj estas la malfacilo mezuri spertatan plezuron – precize kiel, ekzemple, ĉampanvino faciligas kaj pli ĝuindigas festojn pri naskiĝoj kaj geedziĝoj? Kontraste, la difektoj kaŭzitaj de troa alkoholkonsumado, rezultiganta hepatan cirozon, senprobleme mezureblas statistike.

Rezulte, iu ajn takso pri la kostoj kaj la avantaĝoj de alkoholo por la sano forte favoras la kostojn, kiuj estas kalkuleblaj, kaj malfavoras la avantaĝojn – rilate la plezuron liveritan de alkoholo – kiuj ne kalkuleblas.

Traduko de Auld

30

◀ p. 51

gigantic Jam tuj prezentiĝas ekzemplo, kie la ekzisto de sinonimoj preskaŭ egalaj lasas nin elekti laŭ persona gusto: *grandega, giganta, enorma*. Mia persona prefero estas *grandega*, kiu ŝajnas al mi multe pli potence esprimiva. Sed aliaj elektos alian (ofte pro supozata kongrueco kun la originalo).

had determined Plej bona estas *firme decidis*. Kaj nepre ne *determinis*, kiu en la kunteksto estas falsa amiko (vidu PIV).

treatment Temas pri *traktado* (laŭ ĝenerala senco). Pro la fakto, ke f-ino Nightingale famiĝis rilate al flegado, kelkaj malvastigis la signifon kaj tradukis per *kuracado*, sed ŝiaj reformoj ampleksis multe pli ol tion. (Iu atentigas, ke en la franca *traitement* povas signifi ankaŭ *salajro, soldo!*)

private soldier Ŝajnas al mi, ke preferindas *soldato senranga*. *Senrangulo* eblas, kondiĉe ke estas klare, ke temas pri la armeo.

she had... soldier Du el vi tre trafe adaptis al pli «natura» Esperanto tiun frazon. Pro la fakto, ke «set herself» kaj «determined» estas pli-malpli sinonimaj (ne ĉikanu!), ili skribis ekzemple: *Novan kaj grandegan taskon ŝi proponis al si: radike plibonigi la traktadon...* Tion mi aprobas, sed mi estas certa, ke multaj malkonsentos, preferante reprodukti pli laŭvorte la originalan frazaron.

the troops Kurioza angla vorto. Ĝia signifo estas *la soldataro*, kaj tio konvenas ankaŭ ĉi tie. Tamen plaĉas al mi la propono *trupanoj*.

their world was not ruled by money Feliĉe, granda plimulto trasentis la dezirindecon de aktivigo de la angla pasivo: *Ilian mondon ne regis mono*.

under fire Diversmaniere esprimebla. Aparte plaĉas al mi *fronte al pafado*.

paid a shilling a day Ankaŭ tion oni povas esprimi diversmaniere: *kies ĉiutaga pago estis unu ŝilingo*; *al kiuj estis pagita unu ŝilingo tage*; *kies salajro estis po unu ŝilingo tage*; *kies taga soldo estis unu ŝilingo*; eĉ *kiuj lukris po unu ŝilingon tage*. Kaj tiel plu. Ĉu lingva riĉeco aŭ malprecizeco?

sentimentalise *Sentimentaliĝis pri.*

scribbled *Notis haste.*

runs *Tekstas.*

company Kvankam la zamenhofa uzado sankcias uzadon de *kompanio* (kaj sekve oni devas allasi ĝin), mi neniam sentas tion komforte, ĉar la komerca (kaj unua) signifo de la vorto forte trudiĝas.

★ ★ ★

Ŝi starigis al si novan taskon grandegan – ŝi firme decidis reformi la traktadon de la britaj senrangaj soldatoj. Estis evoluinta en ŝi mistika sindediĉo al la Brita Armeo. Ĉe la trupanoj ŝi trovis tiujn kvalitojn, kiuj plej emociigis ŝin. Ili estis viktimoj; plej profundinstinkte ŝi emis defendi viktimojn. Ili estis kuraĝaj, kaj ŝi tuj simpatiis kuraĝon. Ilian mondon ne regis la mono, kaj materialismon ŝi abomenis. La nesupereblan lojalecon, pro kiu viroj oferis sian vivon savante kamaradon, tiun kuraĝon, kiu ebligis, ke ili fronte al pafado antaŭeniru senŝancele, elmontris viroj, kies salajro estis ĉiutaga ŝilingo.

Ŝi ne taksis sentimentale la britajn senrangulojn. «Kion li faris per la pundo? – supozeble fordrinkis ĝin» ŝi notis haste ĉe Skutario. «Li petas, ke ni trovu postenon por lia edzino» tekstis alia noto; «prefere li diru pri kiu el liaj edzinoj temas.» Reĝino Viktoria proponis sendi kolonjakvon por la soldataro, sed ŝi diris, ke pli bone iu sciigu al la reĝino, ke iom da ĝino estus pli ŝatata. Oni diris al ŝi, ke al iu vundito mankas societo, kaj ŝi komentis, ke ŝi scias kian societon li sopiras: brandobotelon sub la kapkuseno. Ŝi estis kontenta akcepti kaj ami la soldataron, kiel ŝi akceptis kaj amis infanojn kaj bestojn. Ŝi nomis sin patrino de **50 000** infanoj.

Traduko de Auld

31

Kiam ajn blovis vento, ĝi enlikiĝis tra la fenestrokradoj de mia hotelĉambro. Sed krom ĝi, malmulto eniris la hotelon. Tiu estis parodio de la memvenkita Sovetia mondo, kiu ĝin konstruis. Ĝi ŝanceliĝis kontraŭ la ĉielo kiel klifo da balkonoj kaj portikoj. Sed interne, ĉio disfalemis. Ŝtonaj plankoslaboj disvastigis maŭzoleecan mornon tra la akceptejo kaj la manĝoĉambroj, ombritaj de fretaj plafonoj. En la dormoĉambroj nenio funkciis, sed ĉio – fridujo, televido, telefono – reprezentiĝis. Mia bankuvo supozigis sin planita por kriplulo, kaj la gipsoplakaĵaj mebloj, vernisitaj je malica nigro, ekrompiĝis. Elektraj dratoj vagis nomade sur la muroj, kaj rustiĝinta fridujeto rolis ankaŭ kiel apudlita tableto, kaj suspiris senkonsole tra la tuta nokto.

Traduko de Auld

(Mankas komentoj, ĉar pro presprokrasto neniu sukcesis partopreni.)

32

Teksto plenplena de anglaj slangaĵoj kaj modaj kliŝoj kompreneble starigas al tradukanto apartajn problemojn. Sed jen la avantaĝa potenco de Esperanto: preskaŭ ĉiam oni povas elturniĝi pere de vortoj kunmetitaj el la baza lingva materialo, tiel ke la signifon de la originala esprimo tuj kaptas alilingvuloj, sen la teda «neceso» de nekompreneblaj neologismoj. Tio estas granda geniaĵo de la internacia lingvo. Kompreneble, la tradukanto devas unuavice mem kompreni la plenan signifon de la angla tradukotaĵo antaŭ ol ĝin transdoni en Esperanton. Anglo, tradukante el la angla, havas laŭeble maksimuman eblecon kompreni anglan esprimon; tamen ne malofte okazas, ke slanga aŭ moda esprimo havas signifon ege malprecizan kaj tial uzeblas en tre malsamaj cirkonstancoj. Sekve ankaŭ la kuntekston oni devas preni en konsideron. Ekzemple, la frazo «Cool, man!» povas roli diversmaniere, kvankam ĉiam aprobe; eble oni diru *Ŝatinde, homo!* (dum «Cool it, man!» estu *Trankviliĝu, homo!*).

Tiajn pensojn vekis en mi ĉi tiu ege vigla tradukteksto.

called into being *Alvokis al ekestiĝo* estas bonega, sed ĝi postulas akuzativan formon de la cetera listo. Tio ne ĝenas min (se listo nominative, kial ne listo akuzative?), sed mi scias, ke al kelkaj tio ial ne plaĉas. Oni facile povas ĝin eviti, ekzemple *kaŭzis la ekeston de, pro kio estiĝis*, kaj simile.

glitzy ritzy Du el vi konservis la rimon (*pompajn trompajn* kaj *brile stile*), kaj tion mi forte aprobas. Aliaj aliris pli-malpli laŭ la vojo *brilaĉaj luks(aĉ)aj*, kaj ankaŭ tio trafas.

culture-vultures Koincidoj foje helpas, foje malhelpas, tradukanton. Ĉi-foje *kultur-vulturoj* ŝajnas akceptinda, ĉar supozeble la metaforo estas pli-malpli ĉie komprenebla. (Fakte, ankaŭ anglalingve ĝi estas nur supraĵe trafa, se oni pensas pri la PIVa ekzemplo: *putraĵo allogas vulturojn.* Kulturo: putraĵo? Hm!) Alternativo: *kulturaviduloj*.

this and that Laŭ mi, en Esperanto oni kutime tradukas per *tio kaj alio*. Nur du el vi konsentis kun mi: *pri tio kaj alio (sed precipe pri alio!)*; *pri tiu aŭ alia temo (sed precipe pri tiu temo!)*.

sanitized *Sanizitaj, desinfektitaj.*

models Jen koincido, kiu tamen malhelpas! *Model-(in)o* estas «persono kiu pozas antaŭ artisto por esti desegne, pentre, skulpte kaj simile prezentata»; tiaj estas ankaŭ *pozistinoj*. Ĉi-loke la ĝusta traduko estas *manekenoj*. [Sed laŭ PIV 2020, *modelo* havas ankaŭ la sencon de *manekeno*.]

glossier Dank' al unu el vi mi ekkonis novan vorton: *apreti*. Ĝi komprenebleestas ĝusta traduko (*apretitaj*), sed ankaŭ la pli kutima *glaceaj* ĝustas, kaj eble pli esprimivas.

pundits Surprizis min, ke *pandito* ne troviĝas en PIV! Kaj tio konfirmis mian senton, ke tiu vorto ne ĝuste tradukas la subsencon de la angla: pufa, pompa pretendemulo. Internacie oni plejofte nomas tian personon *bonzo*, kiu certe estas uzo analoga. La *dieto* de unu partoprenanto estas bona traduko – sed bedaŭrinde pensigas unuavice pri la supre menciitaj *dietistoj*!

swami *Guruo*.

hit-and-run satirists Plaĉis *frap-eskap-satiristoj*.

jet-setter Ŝajnas al mi, ke sufiĉas *jet-turistoj*.

megastars Uzo de *mega* (= miliono) en Esperanto ne ŝajnas konsilinda, kaj nur sklave spegulas la anglan. Nia ekvivalento estas la sufikso -*eg*: *stelulegoj*.

over the hill El diversaj proponoj plej plaĉas al mi *dudekjaraj kaj jam tro aĝaj*.

playboy playwrights La vortluda ripeto de *play* multe vigligas la anglan frazon. Laŭ mi, la plej proksima traduko estis *diletantaj dramistoj*.

acid-rockers Rokmuziko jam firme radikiĝis en Esperantujo, sekve la aktuala traduko de «rockers» estas *rokuloj*. Mi tre bedaŭras, ke nia junularo ne serĉis en esprimiva Esperanto sian terminaron; unu partoprenanto sprite trovis solvon, uzante la radikon *baskul-* (vidu PIV aŭ Butler), multe pli pitoreskan: *baskululo*. Pri «acid-» tamen mi rifuzas agnoski uzon tiusence de *acido*. Ni nomu fenomenojn laŭ iliaj nomoj senkompromite! Temas pri *narkotaĵo*, do: *narkotitaj* (aŭ *halucinitaj*) *rokuloj*!

★ ★ ★

Kio amase alvokis al ekestiĝo tiujn helbrile scintilantajn novajn senklasajn kultur-vulturojn, tiujn stilistojn pri harmodo, tiujn sacerdotojn pri komputiloj, tiujn spertulojn pri kuirado, tiujn dietistojn, tiujn tujajn dumdekminutajn famulojn, tiujn fakulojn pri tiu aŭ alia temo (sed precipe pri tiu temo!), tiujn desinfektitajn aŭstere skulptitajn manekenojn kies vizaĝoj vojaĝis trans la pli kaj pli glaceaj presaĵoj de la terglobo? Tiujn magazin-bonzojn, tiujn laŭmodajn guruojn, tiujn TV-personaĵojn, tiujn trafu-kaj-forrapidu-satiristojn (nun akciposedantoj!), tiujn kimrajn sociologojn, tiujn aŭtorojn de kaftablaj libroj (aldonu nur krurojn!), tiujn palajn dom-dekoraciistojn, tiujn sunbrunajn jet-turistojn, popmuzikajn stelegojn (dudekjariĝo kaj ekvelko!), kronikistojn de spionromanoj, majstrojn de la parfumbotelo, diletantajn dramverkistojn, transseksulojn, drogaĉ-filozofojn, narkotitajn rokulojn, komunikilistojn, Medeecajn virinojn, konstantajn festanojn, posedantojn de flugkompanioj, la belajn homojn kiuj neniam enlitiĝis unuope, kaj misaŭguritajn prezidentojn?

Kio alvokis ilin al ekestiĝo? Kiam unue ili treme ekbrilis?

Dum la sesdekaj jaroj.

Traduko de partopreninto

33

help-lines Unue, necesas noti, ke *linioj* estas «evitinda» kiam temas pri telefonoj: ĝusta estas *lineoj*. Poste restas la demando: kiom da precizigo necesas? Ĉu *helplineoj* estas sufiĉe klara, aŭ necesas aldoni *telefonaj*? Aŭ ĉu *numeroj* aŭ *helpservoj* (*telefonaj*) pli precizigu? Mia prefero: *telefonaj helpservoj*.

conceivable Pli natura ŝajnas al mi *imagebla* ol *konceptebla*, sed kio pri la posta *imagined*? Vidu sube.

complaint Interesa vorto, kiu laŭkuntekste povas signifi *plendo* aŭ la afero priplendata. Kvankam kelkaj el vi ja elektis *plendo*, ĉi-okaze ĝusta ŝajnas al mi *plendaĵo* (unu el vi konsentas kun mi!). Aliaj proponoj: *aflikto, malsano, malfeliĉaĵo, sufero*.

both... and... Mi neniam povis akcepti *kaj... kaj...* kiu ŝajnas al mi trudita kaj miskomprenigaj (se nur momente). Ĝusta estas *ĉu... ĉu...*

real Elekto inter *reala, efektiva, vera, realisma*.

imagined Oni devas elekti inter *imag(it)a* kaj *fantazia*. Mi preferas la duan, kiu ankaŭ evitas karambolon kun «conceivable» (vidu supre). Unu partoprenanto tre sprite uzis *malreala*.

poor-little-mes Diversaj solvoj eblas; mia prefero: *sinkompatuloj*.

dependency addicts Plej simpla estas *dependemuloj*. Se tio ne sufiĉus, kiel do traduki *addicts*? *Dependeco-sklavoj*?

on the brink of Kompreneble uzeblas *ĉe la sojlo de*, *rande de*, kaj simile. Tamen pli trafa ŝajnas al mi estonta participo: *ĉiam afliktotaj; kolapsontaj (psiĥe)*.

galère Tiu franca vorto kompreneble laŭvorte tradukiĝas per *galero*, sed tio nenion signifas en Esperanto. France ĝi ofte ne signifas pli ol *tie* aŭ *en tiu loko* (Molière: *Mais que diable allait-il faire dans cette galère?*). Uzita en angla teksto la vorto tamen aldonas nuancon de malŝato; sekve inter multaj spritaj proponoj (inkluzive de *galerularo*) min plej kontentigis *koterio*.

doldrums La opinioj pli-malpli duoniĝis inter la sinonimaj *spleno* kaj *deprimo*. Interese, ke neniu preferis *melankolio*, kiu al mi ŝajnas la plej trafa.

robust warnings *Firmaj admonoj*.

to pull yourself together *Ekregi sin*.

the coward's way out *La poltrona (malkuraĝula) elirejo*.

stoicism Dankon al unu el vi pro atentigo, ke temas ne pri *stoikismo* (la filozofio) sed *stoikeco* (animstato).

★ ★ ★

Tiel nia mondo inundiĝis de konsilado, subtenaj grupoj, telefonaj helpservoj por ĉia imagebla plendaĵo, ĉu reala ĉu fantazia – viktimoj, histeriuloj, sinkompatuloj, helpokrioj kaj dependemuloj ĉiam kolapsontaj psiĥe. Mi tute neniel esceptigas min el tiu koterio: kiam antaŭnelonge iu sugestis al mi, ke mi provu Prozakon, la «ĝojigan pilolon», dum humoro melankolia, mi taksis tion ideo tre alloga. En kulturo pli stoika ni aŭdus malpli pri ĝojigaj piloloj kaj pli pri firmaj admonoj, ke oni sin ekregu kaj neniam cedu al la malforto de sinkompato, des malpli pripensu la «poltronan elirejon», kiel oni nomis sinmortigon en iamaj romanoj.

Parenteze, mi scivolas, ĉu eble iom validas la teorio, ke pri la kolapso de stoikeco tute respondecas la centra hejtado?

Mozaika traduko

34

monstrous Tiu ĉi vorto paŭzigas min. Ĝi havas diversajn signifojn depende de la kunteksto: *nenatura, grandega, mirinda, hida, kruelega, absurda,* aŭ kombinaĵoj el ili. Kio pri la nuna kunteksto? Feliĉe mi trovis en PIV, ke nia vorto *monstra* havas kiel duan signifon «miriga, timiga aŭ malplaĉega pro siaj nenormalaj ecoj»; sekve ĝi estas uzinda.

matter *Materio*, ne *materialo*.

twice as much... as Aŭ *duoble pli ol* aŭ *duoble tiom kiom.* Mi preferas la duan.

all the other planets put together Bonvolu kompari jenajn du esprimojn: *la materio de ĉiuj la ceteraj planedoj kune*; *la materio de ĉiuj ceteraj planedoj kune.* Ili kompreneble tradukas la anglan «(as much) matter as all the other planets put together». Ĉu la dua traduko ne klare indikas, ke en tiu kunteksto la vorto *la* estas superflua? Oni ofte ne sufiĉe atentas, ke la uzado de *la* kaj la uzado de «the» ne ĉiam kongruas.

with eleven times La strukturo de tiu ĉi frazo prezentas defion: kiel plej trafe esprimi la saman en Esperanto? *Kompare al la Tero ĝia diametro...*; *per ĝia diametro...*; *ĉar ĝi havas...*; *ol tiuj de la Terglobo... pli granda...*; *ampleksante dek unu Terojn...* Notu, ke se vi uzas la formon *havante diametron,* la subjekto de la frazo devas esti *ĝi* (Jupitero), kaj ne 1400 *Teroj*!

fit inside it Tio ĉi parte dependis de la elektita strukturo de la cetero de la frazo. Praktike kiom da kapoj tiom da solvoj, ekzemple *plenigi ĝin, lokiĝi en ĝi; ĉirkaŭi; enteni en si; enirus ĝian internon; enteneblaj en ĝi; sidi en ĝi; lokigeblaj en ĝi; povus engluti;* kaj aliaj. Tiu ĉi supraĵe simpla frazo bele vidigas, ke ofte Esperanto kaj la angla malsimilas inter si (ĉu herezaĵo?!).

uninhabitable to *Enloĝebla* aŭ *neloĝebla,* depende de la cetera propozicio. *De* aŭ *por.*

life forms *Vivaĵoj, viv(o)formoj, estaĵoj.* Trafus ĉi tie

inversigo: *loĝas en ĝia atmosfero iaj strangaj vivaĵoj.*
dwell Plaĉas al mi la traduko *hejmas.*
probe Aŭ *sondilo* aŭ *esplorilo.*
Jovian PIV rekonas ambaŭ, *Jupitero* kaj *Jovo*. Eble valoras ĉi tie traduki per *Jova*, por eleganta variigo.
104,000 mph Por internacia legantaro eble valoras kilometrigi ĝin. Sed tio montriĝis ne tiel simpla – mi ricevis de vi kvin diversajn ciferojn! Plej populara estis 167 000.
ever-thickening Senĉese *plidensiĝantaj,* aŭ pli simple *ĉiam pli densaj.*
crushed *Kunpremegita*. Pluraj uzis *frakasita,* sed *frakasi* = *disrompi, dispecigi,* kio estas kontraŭa detruiĝo. Unu partopreninto proponas *kolapsigita.*
overwhelming *Neeltenebla* aŭ *pereiga.*

★ ★ ★

Estas malfacile eĉ imagi al si mondon tiel monstran kiel Jupitero. Tiu enhavas pli ol duoble tiom da materio kiom ĉiuj aliaj planedoj kune. Per ĝia diametro – dekunuoble pli granda ol tiu de la Tero – kaj ĝia maso – **300**-oble pli granda – preskaŭ **1400** Terojn povus lokiĝi en ĝi. Kaj kvankam ĝiaj grandegaj premoj kaj temperaturoj verŝajne ĉiam igos ĝin neenloĝebla por homoj, tamen eblas, ke strangaj vivoformoj ja vivas en ĝia atmosfero.

La kosmosondilo de NASA, nomita Galileo laŭ la viro, kiu malkovris antaŭ tri jarcentoj la gigantajn lunojn de Jupitero, eniros la Jovan atmosferon dum decembro je **166 400** kilometroj hore. Ĝi flugegos suben en la inferon de ĉiam plidensiĝantaj nuboj el hidrogeno, heliumo, fosforo kaj amoniako, kaj ĝi reraportados pri la trovataj kondiĉoj ĝis, **75** minutojn post ĝia enflugo, ĝi kunpremegiĝos de la pereiga premo de gasoj, kaj ĉesos dissendi.

Traduko de partopreninto

35

purpose Elekto estis inter *celo* kaj *intenco*, kaj vi elektis proksimume duone-duone. Tamen neniu el ambaŭ plene kontentigis min en la kunteksto, kiu klare aludas al la ekzisto (aŭ neekzisto) de Dio. Mi forte opinias, ke necesas kunmeti la du radikojn: *celintenco*.

designed artifacts La *artfaraĵoj* (aŭ *artefaritaĵoj*) verŝajne estis *planitaj* aŭ *elpensitaj*. Du el vi preferis unuvortigi la koncepton: *planitaĵoj* aŭ *inventaĵoj* (eble sufiĉas tio).

moreover *Cetere*.

waking *Maldormaj* (ne forgesu, ke *veki* estas transitiva!).

tin opener Konvencie oni diras *skatolmalfermilo*, sed la plimultaj skatoloj ne estas ladaj. Tre plaĉas al mi la lakona *elladigilo*.

warrant Kvankam *meritas* estas akceptinda, trudiĝas

al mi prefere la vorto *pravigas*.

what is it for? *Por kio ĝi utilas?*

would have asked La plimulto gratulinde rimarkis, ke kondicionalo ĉi tie ne estas kontentiga. Tamen nuda preterito ŝajnas eble tro forta. Eble ni diru *sendube starigis la demandon*.

streams *Riveretoj*, kompreneble. Sed unu amiko brave rezistis tenton esprimi sin poeziece: *rokoj kaj rojoj*!

shaken off Kvankam malmultaj tion faris, nenio malhelpas uzi la laŭvortan *forskuis*.

such Ĉi tie oni devas elekti inter *tian* kaj *tiel*. Komprenu, ke la demando estas, ĉu uzi adjektivon (*tian*) aŭ adverbon (*tiel*). Se adjektivon, tio aludas la substantivon: «forskuis *tian* animismon sed restas alia(j)». Se adverbon, tio aludas la adjektivon kaj la frazo signifas «forskuis animismon tiel primitivan». Pro tio mi elektas ĉi tie *tiel*.

convenient *Oportuna*. (Bonvolu noti jam centan fojon, ke *oportuno* ne signifas «opportunity»!)

stepping-stone Kvankam multaj el vi uzis *travadŝtono*, per tia rimedo oni kutime ne *travadas*, sed transiras sekpiede! Multe pli trafa ŝajnas al mi *transpaŝilo*.

bonus Diversaj vortoj komenciĝantaj per *krom-* estis proponitaj, sed ĉu unu el vi eble pravas opiniante, ke sufiĉas *gajno*?

a true purpose Mi volas ĉi tie uzi anstataŭ substantivo adjektivon: *ne efektive intencitan*.

old *Pra-*.

with a vengeance Neniel temas pri venĝo. La esprimo signifas *kun aldonita forto; nerezisteble; furioze.*

my Kursivoj indikas emfazon, ankaŭ en Esperanto. Tamen la rimedo estas iom kruda, artifika, kaj oni tre ofte povas atingi saman rezulton alimaniere. Ĉi tie: *ĝuste mian.*

★ ★ ★

La deziro ĉie vidi celintencon estas natura al animalo, kiu vivas ĉirkaŭita de maŝinoj, artverkoj, laboriloj kaj aliaj planitaj artfaraĵoj; animalo, cetere, kies maldormajn pensojn regas ĝiaj propraj celoj. Aŭtomobilo, elladigilo, ŝraŭbilo kaj fojnforkego ĉiuj pravigas la demandon «Por kio ĝi utilas?». Sendube niaj paganaj prapatroj starigis la saman demandon pri tondro, eklipsoj, rokoj kaj riveretoj. Nuntempe ni fieras, ke ni forskuis tiel primitivan animismon. Se roko en rivereto okaze servas kiel oportuna transpaŝilo, oni rigardas ties utilecon tiurilate kiel hazardan gajnon, ne efektive intencitan. Sed la pratento nerezisteble revenas kiam tragedio nin frapas – «frapas», eĉ tiu vorto mem ja estas animisma eĥo: «Kial, ho kial devis kancero/tertremo/uragano frapi ĝuste mian infanon?»

Mozaika traduko

36

my first intimation Kvankam eblas traduki tion laŭvorte, la rezulto estas diversmaniere nekontentiga. Ekzemple, la *indiko* ne estas ĝuste *mia*, sed ja *indiko al mi*. Multaj el vi rimarkis la problemon kaj solvis ĝin laŭ diversaj manieroj. Plej kontentigis min la formo *kio unue pensigis al mi... tio okazis*.

Dr Raven Ĉu traduki la nomon aŭ ne? La esperantistoj neeviteble disduiĝas pri tiu demando: en tiu ĉi kunteksto mi preferas traduki ĝin. Cetere, ĉu la konstato, ke d-ro Korvo estas ĝuste kuracisto, estas internacia? Unu el vi pravigeble aldonas: *d-ro Korvo, la kuracisto*.

bag *Sako* vere ne sufiĉas, kaj kapablas liveri misan mensbildon. Mi opinias, ke temas pri *teko* (laŭ *Esperanta Bildvortaro*).

eight years old Aŭ *estis okjara*, aŭ *havis* aŭ *aĝis ok jarojn*.

scripture class *Biblia leciono*; sed ĉar tio karambolus kun alia *Biblio* en la sama frazo, eble oni prefere nomu ĝin *religia*.

as unlikely a place *Pli neverŝajnan lokon oni ne povas imagi*.

read aloud *Voĉlegis* pli kutimas ol *laŭtlegis* (kvankam ili estas fakte sinonimaj).

from the Bible Kiam ajn temas pri citaĵo el la Malnova Testamento oni nepre uzu la tradukon de Zamenhof. Bedaŭrinde tiu ĉi citaĵo ne troviĝas en la biblio (Sheila Thompson aŭ mismemoris aŭ iom garnis sian rakonton), do oni devas mem traduki. «Esau» = *Esavo*.

startled *Konsternitaj.*

riveted on *Koncentriĝis al.* Sed kelkaj volis alproprigi la metaforon. Unu el vi proponis *vinktiĝis al*. Cetere, laŭ Wells *vinkto* estas ankaŭ «paperclip», sed laŭ PIV estas «staple» (kiun *Esperanta Bildvortaro* nomas *krampo*). Partopreninto proponis *nitfiksiĝis*. Entute, la solvo dependas de la efikeco de la koncerna metaforo en Esperanto. Laŭ mia lingva sento plej bone rekreas la momenton *koncentriĝis al.*

meeting *Renkonti* ŝajnas al mi lama solvo. Plej kontentigis min *alfronti*. Eblas ankaŭ *kruciĝi kun*.

still blushing *Restis ruĝvizaĝa.*

the bell Supozeble legontoj komprenos, ke sonorilo signas la lecionfinon.

shot past *Preterkuregis*, aŭ *preterimpetis*.

to examine *Esplori.*

button PIV ne pravigas uzon ĉi tie de *butono* – kvankam verŝajne *prembutono* uzeblas. Kvar el vi trovis la ĝustan *ŝaltilo*.

prefect *Monitoro.*

demanded *Postulis.*

defensively *Sinpravige.*

sympathetic *Kompatema.* Nepre ne *simpatia* (vidu ekzemplojn en PIV).
damage *Difekto.*
welter *Miksamaso, konfuzaĵo*; sed aparta danko por *tohuvabohuo*!
hockey sticks *Hokeiloj (Esperanta Bildvortaro).*

Mi unue eksuspektis, ke beboj ne alvenas pere de la nigra teko de d-ro Korvo, la kuracisto, unu tagon ĉe la lernejo kiam mi estis okjara. Okazis dum la biblia leciono (malpli verŝajnan lokon ne eblas imagi), kiam embarasegita instruistino laŭtlegis el la Biblio, «kaj Esavo elvenis el la patrina ventro». Dek kvin konsternitaj okulparoj fiksrigardis ŝian vizaĝon sed ŝi sukcese evitis alrigardi ajnan el ili. Ankoraŭ ŝi ruĝiĝadis, kiam la sonorilo eksonis, kaj dek kvin knabinetoj elkuregis preter ŝi al la vestejo, por tie ekzameni la umbilikon kaj ekscii kiel Esavo eliris. Ĉu ie troviĝas magia ŝaltilo? Ĉu sekreta formulo kiel «Malfermiĝu, ho Sezamo»? Ĉu oni krevas?

Monitoro, trovinte nin meze de tiu sinesploro, postulis klarigon. Defendeme ni klarigis la kaŭzon de nia scivolemo. Ŝi nek kunsentis nek klarigemis. «Perversaj bestetoj!» ŝi kriis. «Reiru al via klasĉambro!» Rapide ni obeis kaj – sen ajna difekto al la psiko – sepultis la enigmon de la esava eliro sub tohuvabohuo de hokeiloj kaj aliaj ludoj perfortaj.

Traduko de partopreninto

37

for my father Preferindas *laŭ mia patro*.

incidental Plej plaĉis en la kunteksto *flankaĵo* kaj *akcesoraj*.

tenuous Preskaŭ ĉiuj tradukis per *malfortika*, kaj tio estas tute bona. Tamen pli natura ŝajnas al mi *nebula*.

worried man Alvenis dek diversaj tradukoj, el kiuj du montriĝis pli popularaj. Sed tiu varieco reliefigis interesan elekton inter alternativoj iel sinonimaj. Se preni ekzemplon: ĉu diri (ekzemple) *ĝenata viro*, *ĝenato* aŭ *ĝenatulo*. Nu, tiu lasta enhavas notindan lecionon: participaj substantivoj estas ĉiam *personoj*. Sekve la sufikso *-ul* en *ĝenatulo* estas superflua kaj pleonasma – alivorte, erara. (Ofte vidata eraro estas *konatulo*: sufiĉas *konato*.) Do la elekto inter *ĝenata viro* kaj *ĝenato* dependas de la kvanto de emfazo kiun oni atribuu al la fakto, ke temas pri viro. Ambaŭ formoj estas seneraraj, kompreneble.

gravy Kion celis esprimi la dirinto? Du trionoj el vi simple elektis *saŭco*, kio same lasas al la leganto la interpreton. El la aliaj proponoj plej plaĉis al mi *garnaĵo*.

near misses *Preskaŭtrafoj*.

flus, poxes and measles Evidente aludas la kutimajn infanaĝajn malsanojn (kaj tial ĉiuj pluralas). La problemo estas *poxes*: kutime temas pri *variol(et)oj*, sed la vorto estas pli ĝenerala, kio emigas min al *pustuloj*; aliaj preferis *erupcioj*. Unu el vi notu, ke *pokso* estas malsano nur bovina!

teen years Laŭ mi, ju pli simple des pli bone: *adoleskis*. Sed nur unu partopreninto konsentis kun mi.

sucker-punched Temas pri bato neatendita: *trompatakita*.

drove off *Misveturis*.

Chappaquiddick Aludo al skandalo en Usono, pri kiu oni aŭ scias aŭ ne scias. Ĉu tial lasi senŝanĝa la nomon? Jen ofta dilemo de tradukanto.

privy as only siblings are *Ni ja sciis kiel nur gefratoj povas*; *konante, kiel sole gefratoj povas koni*; *inicitoj, kiel estas nur gefratoj*; *kaŝe sciantaj, kiel scias nur gefratoj*.

windshield *Antaŭglaco* estas nun pli kutima ol *antaŭfenestro*.

strong drink *alkoholaĵo*.

fire-escape *Saveskalo, savŝtuparo*.

Latin-sounding Kial ne simple *latinsonajn*?

Laŭ mia patro tio, kion ni faris, kio ni fariĝis, estis flankaĵo kompare kun la nefortika fakto de nia ekzisto: *Ke Ni Ekzistas* ŝajne sufiĉis al tiu kompatinda zorgoplenulo. Ĉio alia, li kutimis diri, estas garnaĵo.

Okazis, kompreneble, preskaŭtrafoj. Post la kutimaj gripoj, pustuloj kaj morbiloj, ni ekadoleskis dum la sesdekaj jaroj. Pat estis trompe nokaŭtita en trinkeja interbatiĝo, de viro kiu rompis bierbotelon per lia kapo. Eĉjo misstiris desur ponto kaj frakasis sian aŭton kontraŭ riverbordo kaj formarŝis sendifekta. Li diris al niaj gepatroj, ke alia aŭto, verŝajne stirita de ebriulo, forpelis lin de la vojo. Ni nomis tion «La Ĉapakvidik de Eĉjo», konante kiel nur gefratoj povas koni la emon de nia frato al biero kaj kokaino. Juli-Anna trairis la antaŭglacon de aŭto de amiko, kiam tiu amiko stiris kontraŭ arbon, kaj escepte de kelkaj skalpliniaj ŝiraĵoj kaj cikatroj ŝi postvivis por priparoli tion. Briĝida iun nokton glutis tro da piloloj kune kun alkoholaĵo, kaj ŝia motivigo restis dum jaroj mistero sciata nur de mia patrino. Miaflanke, mi defalis el tria-etaĝa sav-eskalo dum mia tria kolegia jaro, rompis plurajn latinsonajn ostojn, frakasis mian pelvon kaj kunpremis tri vertebrojn, tamen neniam senkonsciiĝis.

Traduko de Auld

38

fathers Kvankam ekzistas tento traduki per *pastroj* aŭ eĉ *sacerdotoj*, en verŝajne ĉiuj lingvoj de la mondo oni diras *patroj* aŭ ties ekvivalento en la koncerna lingvo. Mi supozas, ke ankaŭ romkatolikaj esperantistoj alparolas siajn pastrojn per *patro*, do ankaŭ ĉi tie.

doomed Kvankam *kondamnitaj* ŝajnis al mi la ĝusta traduko, pluraj el vi preferis *destinitaj*, kies malavantaĝo estas, ke al ĝi mankas la tono de io nepre malagrabla («li estis destinita iĝi ĉefministro»).

under-nourishment Eblas diri *nutromanko, nesufiĉa nutrado, subnutriteco* (sed notu ke en tiu lasta necesas la sufikso *-ec*, ĉar – kiel mi jam plurfoje klarigis, pli atentu, geknaboj – participa substantivo estas ĉiam persono).

rather Ne laŭ senco de *iom*, sed laŭ senco *anstataŭe* (kiun nur unu el vi proponis).

to be maimed Prave via plimulto preferis la simplan *kripliĝi* anstataŭ la pli peza *esti kripligitaj*.

terrorize *Teroras* prefere ol *teruras* (tiel!), kvankam ankaŭ tiu lasta estas uzebla.

overthrown *Renversataj*; la prezenca participo necesas, ĉar la vorto priskribas ion daŭre okazantan.

tyrannies *Tiranecoj*. La vorto *tiranio* ne ekzistas. La dua frazparto invitegas inversigon; aldonaj poentoj al unu partopreninto por *anstataŭigataj per reĝimoj eĉ pli tiranaj*.

possessed Oni povas diri ekzemple *obsedita*. Tamen la plej trafa el viaj proponoj estis *universala demenco superregas la homaron*. Ĉiuokaze laŭ mia sento tiu propozicio vere postulas aktivigon.

dementia *Demenco*, ne *dementeco* (*dementi* = mal-konfirmi).

has taken to *Ekkutimiĝas* aŭ *sin donas al*.

screwing Ĉiu lingvo havas amason da terminoj por esprimi la sekskuniĝon. Ankaŭ Esperanto havas, eĉ inter la normalaj kunmetaĵoj (vi mem uzis entute ok diversajn), senkonsidere pri metaforoj. Koncerne tiujn lastajn, Peneter en la Sekreta Soneto XXXV listigas 40 el ili («tranajli, spili, ŝargi, farĉi»). Elekto inter alternativoj dependas de la bongusto kaj la celata mezuro de krudeco. Tiurilate *fiki* ŝajnas al mi iomete tro kruda. En tiu ĉi kunteksto mi verŝajne dirus *spili*. Unu el vi eĉ tradukis per *ŝraŭbi*, kaj alia per la bele esprimiva *driladi*.

Felicity Oni havis problemojn pri tiu ĉi nomo, kaj sep variantoj aperis inter vi. Mia propra prefero estus *Felicia*.

induce Vi elektis inter *persvadi* kaj *instigi*.

Patroj, ekzistas vastaj loĝantaroj en la mondo, kiuj mortas aŭ estas destinitaj morti pro malabundo, subnutrado kaj malsano; homoj daŭre militas, kaj rifuzas ĉesi, sed prefere sendas siajn junajn idojn batalen por kripliĝi aŭ morti; politikaj fanatikuloj teroras sendistinge; tiranaj ŝtatoj renversiĝas kaj estas anstataŭitaj de pli malbonaj tiranecoj; la homan rason tenas universala demenco; kaj estas en tia momento, Patroj, ke via jezuita frato, Tomaso, ekkutimis koiti kun nia fratino, Felicia, nokte sub la poploj el kio sekvas, ke ŝia menso estas dediĉita al nenio krom persvadi niajn monaĥinojn sekvi ŝian ekzemplon en la nomo de libereco. Ili kredis, ke ili havas liberecon, ĝis Felicia diris al ili, ke ne.

Traduko de partopreninto

39

◀ p. 60

the first thing we discovered Gratulon pro la trafa *nia unua malkovrajo* (anstataŭ multe pli longaj alternativoj). (Amiko skribis al mi: «Mi rimarkas, ke vi ne eĉ menciis *konstato* kiel eblan tradukon de ‹discovery›. Ĉu ĝi estis tiel malĝusta?» Ne, ĝi estas tute ĝusta. Min tiel delogis la konciza frazkonstruo, ke mi neglektis trakti la eventualajn sinonimojn. Mi petas pardonon.)

scruffy Diversaj provoj solvi tiun ĉi esprimivan vorton, el kiuj plej plaĉis al mi *maleleganta*.

semi Ŝajnas, laŭ *Esperanta Bildvortaro*, ke la kutima vorto estas *duon-aparta domo*. Multaj el vi preferis *ĝemeldomo*, kiu ŝajnas al mi tute bona.

would buy *Aĉetos*, ne *aĉetus*. Sed trafe skribis iu: *sufiĉis al ni por aĉeti*.

five-bedroomed Kutime oni parolas pri dormoĉambroj, ne litoĉambroj. Sekve *kvindormĉambran*.

part Prefere *kvartalo*.

could have Se oni skribis supre *aĉetos*, unuavide oni devus traduki per *povos havi*; sed ni konstatas, ke ili jam loĝas en la domo, do ĝusta estas *povas havi*.

looking out on *Kiu frontas -n.*
lawn *Gazono* kaj *razeno* konkuras inter si. *Esperanta Bildvortaro* indikas per *razeno (gazono)*; PIV inversigas tiun preferon. Ŝajnas, ke la konkurado daŭras. [PIV 2020 indikas *razeno* evitinda, prefere al *gazono*.]
screened *Ŝirmata.*
bay window Se *Esperanta Bildvortaro* rekonas tion, mi ne sukcesis trovi ĝin. Prefere akcepti de Wells *alkova fenestro.*
the right change Kvankam pli-malpli ĉiuj uzis *la ĝustajn monerojn*, ial tio ne kontentigas min. (Kiaj moneroj estas malĝustaj?) Tial mi preferas *la precizajn monerojn.*
tipped Kvankam *trinkmono* estas tradicia esprimo, ĝi malplaĉas al multaj, kaj *servmono* pli kaj pli anstataŭas ĝin. Ankaŭ *dankmono* estas tre bona. Tamen plej bona probable estas *gratifiki* – kiun Reto Rossetti memorinde uzis en sia traduko de *Otelo.*
workmen Eble *metiistoj* preferindas ĉi tie.
well-kept *Bone gardata* aŭ *bone kaŝita* (notu la malsamajn afiksojn).
contain our mirth *Bridi nian ridemon.*
plumber Aŭ *plumbisto* aŭ *tubisto.*

★ ★ ★

Sed nia unua malkovraĵo estis, ke la mono ricevita kontraŭ nia maleleganta intermilita duon-aparta domo en Palmer's Green sufiĉis por aĉeti ampleksan kvindorm-ĉambran memstaran jarcentkomencan vilaon en agrabla kvartalo de Rummidge, tiel ke mi povas havi por la unua fojo dum nia geedza vivo propran kabineton, kiu frontas razenon ŝirmatan de maturaj arboj, anstataŭ la alkova fenestro en nia salono frontanta al identa maleleganta, duon-aparta domo aliflanke de la strato; kaj nia dua malkovraĵo estis, ke Sally kaj la idoj povas alveni siajn kolegion kaj lernejojn post duono de la ĝenoj kaj en duono de la tempo al kiuj ili kutimiĝis en Londono; kaj nia tria malkovraĵo estis, ke ekster Londono la homoj ankoraŭ reciproke traktas sin ĝentile, ke la komizoj diras «bele» kiam oni transdonas al ili la precizajn monerojn, kaj ke taksiŝoforoj mienas agrable surprizite kiam oni gratifikas ilin, kaj ke la metiistoj, kiuj venas por ripari la lavmaŝinon aŭ farbi la domon aŭ ripari la tegmenton, estas ĝentilaj kaj kapablaj kaj fidindaj. La supera kvalito de la vivo en eksterlondona Brituĵo estis tiutempe ankoraŭ bone kaŝita sekreto, kaj Sally kaj mi povis apenaŭ bridi nian ridemon pensante pri ĉiuj niaj geamikoj en la ĉefurbo kompatantaj nin dum ili sidis en siaj trafikŝtopiĝoj aŭ pendis de rimenoj en homplenaj pendolvagonaroj aŭ vane provis telefone respondigi tubiston dum semajnfino.

Mozaika traduko

40

◀ p. 61

there are Sufiĉe ofte oni tradukas per nuda *estas*. Tamen tio ne plaĉas al mi, kaj mi ĝojas, ke sufiĉe multaj el vi konsentas, kaj uzis ekzemple *ekzistas, troviĝas, oni trovas*. Iu lerte proponis *estas ja*.

difficulties Unu el vi uzis *problemoj*, kaj tio estas tute bona. Pli konservativaj homoj (kiel mi) diris *malfacilaĵoj*. Mi ĝojas, ke tre malmultaj preferis *malfaciloj*; ŝajnas al mi, ke homoj kelkfoje emas subtaksi la precizecon de nia afiksaro. *Malfaciloj* pensigas min pri troa ĝeneraleco (specoj de malfacileco); *malfacilaĵoj* estas konkretaj ekzemploj de malfacilo (laŭ mi).

no sound or letter h Unu partopreninto tre pedante (kaj trafe) distingas inter *la sono h* kaj *la litero ho*!

foreign En tiu ĉi kunteksto supozeble *fremdaj* kaj *eksterlandaj* estas tute sinonimaj.

with that sound *Kun tiu sono*, sed ankaŭ *enhavantaj tiun sonon* (ne *enhavante*, malgraŭ tio, ke *vortoj* estas subjekto, ĉar la frazo *priskribas* la vortojn). Kaj oni povus tute bone skribi *la enhavantaj tiun sonon vortoj*, laŭ modelo foje uzita de slavoj.

common El pluraj eblecoj plej trafa ŝajnas al mi *ofta*.

Gaydn Amiko skribis: «Mi trovas *Gaydn* stumbliga pro la «fremda» *y*. Ĉu esperanta versio prenu pli taŭgan ekzemplon – «la Ŝekspira *Gamlet*?» Bela propono; ĉiuokaze mi malaprobas la formon kun *y* – ĉar finfine temas pri angla transliterigo el la rusa, kaj mi opinias, ke oni anstataŭigu per transliterigo esperanta *Gajdn*, kaj ĉar temas pri transliterigo mi ne konsilas aldonon de fina -*o*.

the velar fricative kh Jen ekzemplo de faktermino. Tiajn mi ofte trovas nenecesaj, sed ĉi-foje mi ne vidis eblecon difini la fenomenon per la komuna vortprovizo. Ion similan evidente sentis tiu, kiu aldonis al sia frazo *kie la spirblovo eldonas brueron frotegecan, elirante tra preskaŭ fermita gorĝo*! Tiun impulson mi trovas tre simpatia, precipe ĉar ŝajnis al mi, ke sufiĉe multaj el vi ne komprenis pri kiu sono temas – alie, kial tiuj redonis la anglan siglon *kh* anstataŭ la esperanta *ĥ*?

all in all *Entute*.

not represented by a single consonant Tio povus esti ambigua, se oni ne aldonas la vorton «each». (Do ĉu en Esperanto konsilindas uzo de *po*?)

type fonts *Presliteraroj*. Temas pri presarta fakesprimo. *Bodoni, Times, Gill Sans, Goudy Old Style*, kaj centoj da aliaj estas nomoj de apartaj literaroj. [Oni ofte parolas ankaŭ pri *tiparoj*.]

most... of... *Plej... el...* (ne *de*).

scripts *Skribsistemoj*.

sensuous La plej proksima vorto en Esperanto estas verŝajne *volupta*, kvankam mia unua elekto estis *sensstimula*.

★ ★ ★

Tamen ekzistas malfacilaĵoj. La Rusa ne havas la sonon aŭ literon *h*, kaj ties manko kreas gravajn problemojn kiam fremdaj vortoj envenas la Rusan. Ofta solvo estis la uzo de *g* (do: la greka poeto *Gomer*, aŭ la komponisto *Gajdn*), sed nun la velara frikativo *ĥ* ofte anstataŭas alilingvan *h*. La Rusa havas entute preskaŭ dek unikajn sonojn, al kiuj neniu sola konsonanto de la Latina alfabeto respondas, kaj mi opinias, ke la presliteroj, kiujn oni uzas por estigi tiujn kaj la aliajn literojn, estas la plej belaj el la eŭropaj skribsistemoj, superitaj nur de la volupta belo de la araba kaligrafio.

Traduko de partopreninto

41

setting the table Ĉu oni *aranĝas* aŭ *preparas* tablon? Ambaŭ ŝajnas al mi allaseblaj; tamen PIV instruas al ni, ke tablon oni *garnas* – «Almeti ion al objekto, por ĝin kompletigi laŭ ĝia destino: *garni tablon.*»

gracious Estas notinde, ke *gracia* preskaŭ ekskluzive aplikiĝas al homoj, kaj pri aliaj aferoj uziĝas nur analoge (laŭ PIV). Preferinda ŝajnas al mi *eleganta*. Ankaŭ *ĉarma* eblas, sed ne tute samefikas.

should not be allowed to die Diversaj laŭvortaĵoj eblas; tamen plej trafis eksterlandano: *kies formorton oni ne devus permesi.*

about looks not counting *Pri malgraveco de la aspekto(j).*

pretty Kvankam la formo de *beleta* estas tute regula kaj intelekte komprenebla, la vorto mem ŝajnas ĉiam havi efikon iel negativan («neregule bela, sed tamen iel plaĉa» – la vorto *tamen* konfirmas la unuan impreson), dum la angla «pretty», precipe en la aktuala kunteksto, povas esti tre pozitiva. Eble tial akceptindas la (PIVa) neologismo *linda* (= plaĉaspekta).

mood Laŭ mi, *etoso* preferindas ol *humoro*.

will help your party off to a good start *Helpos, ke via festo komenciĝu bone.* Al partopreninto mi ŝuldas la proponon *elane*, kiu ŝajnas al mi trafa (vidu PIV).

will maintain... right through to *Daŭre konservos.*

the cheese Ne en ĉiuj landoj la rekonata fina plado estas la fromaĝoj, kaj sekve la aludo ne estus nepre klara al ĉiuj. Feliĉe, du el vi rimarkis tion kaj proponis *fina fromaĝo* kaj *fromaĝplada fino*. Tria amiko rimarkis la problemon kaj proponis nomi la pladon *deserto*.

timetables *Horaroj*, aŭ eble pli bone *hortabeloj*.

reassure Plej populara inter vi estis *kuraĝigi*.

the one place *La sola ero* (aŭ *punkto*).

go wrong at the last minute *Fuŝiĝi* (*misiĝi, fiaski*) *lastmomente.*

hours in advance *Kelkajn horojn antaŭe.*

keep the children out *Forbari la infanojn* (*rifuzi aliron al*).

perfect *En perfekta ordo.*
leaving you free to give *Kio lasos vin libera por dediĉi.*
food Eble preferindas en la kunteksto *pladoj.*

★ ★ ★

Tablogarnado estas arto eleganta, kies formorton oni ne devus permesi. Kion ajn oni asertas pri malgraveco de la aspektoj, ili nepre gravas kiam temas pri manĝaĵoj. Mem la aspekto de la manĝaĵo iel influas ties guston, kaj tablogarnado eleganta aŭ linda, depende de la etoso de la okazo, helpos, ke via festo komenciĝu elane, kaj daŭre konservos tiun etoson ĝis la fromaĝplada fino.

Se vi iomete nervozas pri la estonta manĝo (kvankam tio tute ne necesas se vi procedas laŭ niaj hortabeloj!), zorge planita garnaĵo povos kuraĝigi vin. Jen la sola ero, pri kiu nenio povas fuŝiĝi lastmomente. Se vi volas, vi povas garni la tablon kelkajn horojn antaŭe, kaj kondiĉe ke vi sukcesas forbari infanojn ĝi plu estos en perfekta ordo, kiam alvenos gastoj – kio lasas vin libera por dediĉi vian tutan lastmomentan atenton al la pladoj.

Mozaika traduko

42

◀ p. 63

girls En la kunteksto de geedziĝo *junulinoj* ŝajnas preferinda al *knabinoj*. La senaĝa *inoj* inkluzivas ĉiujn geedziĝojn, sed nia aŭtoro limigas sin al «girls», kio meze de la 19-a jarcento evidente ne inkluzivis virinojn pli maturajn.

for money Tre trafa estas *moncelante*.

lady Oni emas traduki per *sinjorino*; tamen sinjorino implicite jam edziniĝis. Pro tio, oni prefere traduku per *fraŭlino*.

title Oni precizigu per *nobeltitolo*, ĉar ĝuste tion aludis la aŭtoro.

income Temas pri daŭra aŭ certigita enspezado, ne okaza, kaj tial la plimulto el vi pensis pri *rento*, kiu ŝajnas al mi trafa en la kuntseksto.

farmer Estas interese, ke PIV ne registras la formon *farmisto* (sed nur *farmanto*). [PIV 2020 ja registras ambaŭ.] Tio estas ĉar *farmi* signifas «lui teron por ĝin kulturi». En la plimultaj kuntekstoj mi preferas uzi la formon *terkulturisto*; sed ĉi tie temas pri brutaroj, do eble la homo ne kulturas sian teron! Entute la vorto *farmisto* ŝajnas al mi trafa kaj internacie komprenebla. (Ĝin uzis nia ĉi-foje sola alilanda kontribuinto!)

makes more of herself Multaj el vi ne kontentiĝe

solvis ĉi tion, sed feliĉe kelkaj uzis *pli estimas sin*, laŭ mi la plej trafa.

wretch La plej populara *aĉul(in)o* ŝajnas al mi multe tro forta kaj senkompata. *Mizerulino* estas mia elekto.

earns her bread *Perlaboras sian panon.*

in the lowest stage of degradation *En la plej malalta etapo malnobliĝa.*

weigh in the balance La metaforon oni prefere retenu: *pezaj sur la pesilo; zorge pesos; klinas la pesilon.* (Pola amiko atentigis min, ke «weighed in the balance» estas Biblia esprimo: «Vi estas pesita sur pesilo kaj trovita tro malpeza.» (Daniel 5.27). Tio estas grava. Sekve la ĝusta traduko de «matters which will weigh in the balance» estas *aferoj, kiuj estos pesitaj sur pesilo.*)

pride of place *Rangfiero.* (Sed plaĉas la propono *eminenteco.*)

the power of living well Traduko parte dependas de nia takso pri la vorto «power». Ĉu *povo, potenco* aŭ *kapablo*? Mi tendencas al *kapablo*. Do trafa solvo laŭ mia opinio ŝajnas amalgamo de *la kapablo lukse vivi* kaj *la potenco de prospera vivstilo.*

in front of the world's eye Eblas diversmaniere traduki ĉi tiun ŝajne simplan frazon. Mia prefero: *en ĉies okuloj*; sed trafas ankaŭ *plenvidate mondume.*

intended to be dear *Laŭintence tiaj.*

★ ★ ★

Ke junulino devus ne edziniĝi por gajni monon ni ĉiuj konsentas. Virino, kiu vendas sin por nobeltitolo aŭ bieno, por enspezo aŭ familia diamantaro traktas sin same kiel farmisto traktas siajn ŝafojn kaj bovojn – apenaŭ pli alte taksas sin, sian propran internan memon, kiu konsistas el menso kaj animo, ol la kompatinda mizerulino samseksa, kiu gajnas vivrimedon en la plej malalta nivelo de malnobleco. Sed titolo, bieno kaj enspezo estas aferoj, kiuj influas ĉiujn filinojn de Evo, kiel ankaŭ ĉiujn filojn de Adamo. Rangfiero kaj la potenco aspekti prospera en ĉies okuloj estas aferoj karaj al ni ĉiuj – sendube intence karaj. Sed agnoskante tion, ni memoru, ke la prezoj pagendaj por tiuj bonaĵoj povas esti tro altaj.

Traduko de partopreninto

43

◀ p. 64

how strange Ĉu *kiel strange* aŭ *kiom strange*? En tiaj kuntekstoj, ĉiam dependas ĉu oni celas *manieron* (*kiel*) aŭ *kvanton* (*kiom*). Ĉi tie mi preferas kvanton, do: *kiom strange*.

that he is Tiu frazkonstruo ne sidas nature en esperanta sintakso. Oni solvu per *la homo, tiu fia besteto*.

finest *Plej noblaj* (aŭ *altaj* aŭ *indaj*).

his Ĉar temas pri la genre neŭtrala *homo*, prefere en Esperanto evitu uzadon de *lia*. Trifoje oni uzu *ties*; kaj «his fate on this earth» estu *la homa sorto surtera*.

action *Ago* ĉi-kuntekste estas erariga, ĉar ne temas pri unuopa ago; *agado* estas ĝusta, kvankam oni povas ankaŭ pluraligi: *agoj*.

unselfish Aŭ *malegoisma*, aŭ *sindona*.

harsh Tri eblecoj prezentiĝas – *kruela, senkompata, severa* – kaj ĉiuj uzindas.

reaction Multaj el vi tradukis per *reakcio*, kaj tion efektive ebligas la difinoj en PIV. Por mi, eble pro mia aparta edukiĝo, tiu vorto forte odoras politikan semantikon, do mi preferas la pli konservativan *reago* (kiel same preferis pluraj el vi).

a man *Viro* en Esperanto ŝajnas al mi evitinda, ĉar nia lingvo posedas la belan vorton *homo* (kies ekvivalento estas grava manko en la angla lingvo!).

behaviour pattern *Kondutmodelo*.

poisoned *Venenita*, ne *venenigita* (*veneni* estas transitiva).

alone Bedaŭrinde, la adverba formo *sole* estas sinonimo de *nur*. Ekzemple, *mortanta sole pro konvulsio* signifas, ke konvulsio estis la sola kaŭzo de la morto. Oni devas uzi la adjektivan formon *sola*, aŭ la esprimon *en solo*.

far from it *Tute ne*. Eble *male*, tamen mi ne sentas, ke la angla implicas rektan kontraŭon.

bothered *Fari al si la klopodon* (aŭ *ĝeni sin* – sed ne forgesu, ke *ĝeni* estas transitiva).

★ ★ ★

Kiom strange estas, ke la plej noblaj aspiroj de la homo, tiu malpura besteto, ankaŭ ties plej bela agado, ties nobla kaj sindona heroeco, ties konstanta ĉiutaga kuraĝo en kruela mondo – kiom strange estas, ke tiuj ĉi aferoj estas tiom pli noblaj ol la homa sorto surtera. Tion oni devas iel raciigi. Ne diru al mi, ke honoro estas nur kemia reago, aŭ ke homo, kiu intence oferas sian vivon por aliulo, nur sekvas kondutmodelon. Ĉu Dio estas kontenta, kiam venenita kato mortas konvulsie en solo malantaŭ reklamtabulego? Ĉu Dio estas kontenta, ke la vivo estas kruela, kaj nur la plej taŭgaj travivas? La plej taŭgaj por kio? Ho ne, tute ne. Se Dio estus ĉiopova kaj ĉioscia en iu ajn laŭvorta senco, li tute ne estus farinta al si la klopodon krei la universon.

Traduko bazita sur tiu de partopreninto

44

sometime La kutima traduko estas *iama*, sed eblas alternativoj: *siatempa, antaŭa*.

constable Kompreneble oni pensas unuavice pri *policano*, sed tio starigas interesan problemon: kia estis la rolo de «constable» ĉirkaŭ 1820? Certe ĝi estis iom malsimila al la efektivaj roloj de modernaj policanoj, do tiu vorto emas enporti mensan bildon erarigan. Feliĉe jam ekzistas vorto *konstablo*, uzita de nia klasikulo Grabowski, kiun PIV difinas jene: «gardisto de publika sekureco en Britujo». Do ĉi tiu vorto en nia kunteksto estas sufiĉe preciza! Sed por homoj, al kiuj tiu vorto eventuale ne plaĉus, unu kunlaboranto, kies kunmetitaj vortoj tre ofte admirigas min, proponas: *pacgardisto*. Kaj mi mem danke akceptis ĝin, ĉar ĝi plej adekvate priskribas la rolon de tiu funkciulo ĉirkaŭ 1820! Iu kunlaborinto, rimarkinte la problemon, kuraĝe proponis *ĝendarmo*; tamen ankaŭ tiu vorto kunportas tro multajn maltrafajn nuancojn.

tipsy Ankaŭ ĉi tie ni devas pripensi la fonon, antaŭ kiu la vorto estis uzita. F-ino Mitford estis tre ĝentila damo en la frua 19-a jarcento, kaj ŝi esprimis sin ĝentile. La kunteksto pruvas, ke ŝi esprimas la nocion *ebriema* (aŭ *drinkema*).

the tipsiest of Kiomfoje mi devas admoni vin, ke «-est of» nepre tradukiĝas *plej el* (*la plej ebriema el*)? Butler en *Step by Step* tre bone pritraktas tion ĉi. (Cetere, la vorto *la* iom superfluas.)

officers Kompreneble *oficisto* uzeblas, sed *funkciulo* ŝajnas pli trafa ĉi tie.

revel *Diboĉado* aŭ *diboĉeto*, depende de la interpreto.

companion *Kun kunulo* efikas iom pleonasme, do *akompananto* aŭ eble *kamarado*.

as full of beer as himself *Egale bierplena*. Du vortoj adekvate esprimas ses anglajn vortojn. Nia lingvo ofte proponas rimedojn por koncizigi, kiujn ni ne ĉiam rimarkas.

one or the other Tre plaĉis al mi la neteco de *iu el la* *du*.

contrived Preskaŭ ĉiuj konstatis la neceson konservi la ironion de tiu ĉi vorto, kaj tradukis per *sukcesis*. Unu el vi tre agrable inversigis la gramatikon: *sukcese renversis*.

in a ditch Unu partopreninto trovis alian belan koncizigon: *fosaĵen*. Sed ne superfluigu sufiksojn, kara homo.

living Mi vere volas diri *travivinta*.

scapegrace La vortara solvo ja estas *senprudentulo*, sed ial mi preferas *sentaŭgulo*.

to lay the blame on Sufiĉas *kulpigi*.

mishap *Misokazo*.

probability Surprizis min, ke kelkaj el vi ŝajne ne distingas inter «probability» kaj «possibility» (*ebleco*). Plej plaĉas *verŝajneco*.

being La kaptilo de la anglaj participoj! Participo ĉi tie ne taŭgas en Esperanto; la signifo estas *ĉar... estas*.

inflamed Pro tio, ke *inflami* estas netransitiva, necesas diri *inflamigita*.

constitution Konsternite, mi konstatis, ke la 3-a difino de *konstitucio* en PIV permesas uzi tiun vorton kun la signifo «tuto de la korpaj ecoj de individuo». Mi forte malaprobas tion (mankas spaco por klarigi mian starpunkton), kaj insistas pri *korpostato* (aŭ simila ekvivalento). *Temperamento* estas tuta mistraduko (ĉar ne fizika).

leaving Denove la participa kaptilo. Adverba participo aludas al la subjekto de la koncerna propozicio, kiu ĉi-foje *ne* estas la mortinto, sed efektive «internaj kontuzoj». Sekve oni devas diri (ekzemple) *tiel ke li postlasis*.

the eldest of whom Atentu ĝustan vortordon: *el kiuj la plej aĝa*.

a drunken husband... a sober one Eleganta Esperanto postulas ian reliefigon de la kontrasto per ia emfazo adjektiva. Tion tre bele ekzempligas la traduko de unu el vi: *eble ĉar la perdo de ebria edzo ne estas tioma katastrofo kiom la perdo de edzo sobra.*

★ ★ ★

Nia iama pacgardisto, plej ebriema el paroĥaj funkciuloj, el forĝistoj, kaj el viroj, estas mortinta. Revenante post diboĉeto kun akompananto egale bierplena, iu el la du, aŭ ambaŭ kune, sukcesis renversi fosajen la ĉaron (al la travivinta sentaŭgulo plaĉas kulpigi pri la misokazo la ĉevalon, sed tio kontraŭas al ĉia verŝajneco, ĉar tiu respektinda kvarpiedulo nur akvon trinkas); kaj internaj kontuzoj, agantaj sur inflamigitan sangon kaj difektitan korpostaton, forigis lin tre baldaŭ, tiel ke li postlasis malsanetan edzinon kaj ok infanojn, el kiuj la plej aĝa estas nur dekkvarjara. Tio sonas kiel historio tre tragika; tamen, eble ĉar la perdo de ebriema edzo ne estas entute tiel katastrofa kiel la perdo de edzo sobra, la rezulto de tiu okazaĵo ne estas finfine tiom melankolia, kiom oni eble atendus.

Mozaika traduko

45

◀ p. 66

who cares? Oni povas diversmaniere redoni la sencon: *tuŝas, sin ĝenas, interesiĝas*. Mi emas elekti (kiel pluraj el vi) *al kiu tio gravas*. Tamen tio kaŭzas karambolon kun la tujposta «what does it matter?». Se tion oni tradukas per *kiom* (aŭ *kiel*) *gravas*, prefere elektu alternativon por «who cares?».

what on earth La funkcio de tiu frazo estas nur emfaza, do mi dirus simple *kiom entute*. Unu el vi tamen proponas lertan solvon: *al kiu en la mondo gravas*.

long-dead *Jam delonge mortintaj*; sed du el vi lertis: *pramortintoj*.

asked of La angla frazo estas ambigua: ĉu *demandis al* aŭ *demandis pri*? Nur la kunteksto en la dramo pruvas, ke temas pri la dua.

what's Hecuba to him Pluraj el vi rekonis, ke temas pri citaĵo, el *Hamleto* (2, 2), sed nur unu havis la zamenhofan tradukon sub la mano. Unu el vi eĉ protestis, ke estis maljuste postuli tradukon laŭ libro, kiun ŝi ne posedas! La zamenhofa versio: *Nu, kio do Hekubo al li estas kaj kio li al ŝi, ke pro Hekubo li tiel ploras?* Ankaŭ Newell tradukis

Hamleton, kaj jen lia versio: *Kiel por li Hekuba gravas, li por Hekuba, ke li lamentas ŝin?* Kvankam tiu versio ŝajnas pli konciza, ĝi estas malpli «aŭtoritata», kaj ankaŭ entrenas denove tiun vorton *gravas*!

at first Plaĉas *unuavide*.

personal Kvankam *persona* estas tute bona, kaj tiusence zamenhofa, unu-du preferis uzi *propra*, kiu ankaŭ estas tute bona.

equated *Egaligitaj*. *Ekvivalentas*, laŭ mi, ellasas la subkomprenitan trudadon de egaleco.

affinity Kiam angla vorto kaj esperanta vorto similas, ĉiam ekzistas tento simple traduki unu per l' alia. Sed oni devas esti singarda. La angla «affinity» signifas interalie *spirita logateco inter du personoj*. Ĉu tion spegulas *afineco*? Nu, PIV ja permesas – pere de iom flanka ekzemplo – la komunuzan (la radiko estas scienca) signifon *altiriĝemo inter du samkarakteraj homoj*. Sed mi restas malkontenta, kaj nepre opinias semantike preferinda la tradukon *aparteneco*.

Basque La tradicia formo estas *vaska*. Sed la vaskaj esperantistoj aktuale nomas sin *eŭskoj*, kaj kiu pli ol ili rajtas decidi? [PIV 2020 resendas *vasko* al *eŭsko*.]

separatists La vorto *separatismo* estas registrita en PIV, kaj eblas derivi la formon *separatistoj*. Sed via tradiciema redaktoro preferas la sinklarigan esprimon *apartiĝemuloj*.

perpetrated Tiu vorto enhavas mallaŭdan nuancon, kaj do signifas pli ol *estas farataj*; efektive ĝi plejofte uziĝas pri krimoj. En tiu lasta kazo Zamenhof ja uzis *estis farata*.

Tamen kiel elangla tradukanto mi mem favoras ĉi tie *fiplenumataj*.

★ ★ ★

Eble vi demandas, kiun tio tuŝas? Kiel entute gravas, kiun lingvon parolis jam antaŭ longe mortintaj homoj? Kiel Hamleto demandis pri la aktoro, «Nu, kio do Hekubo al li estas kaj kio li al ŝi, ke pro Hekubo li tiel ploras?» Tiel oni eble unue pensus. Sed lingvo kaj identeco estas proksime ligitaj, kaj malmultaj aferoj estas pli personaj ol la lingvo, kiun oni parolas. Efektive, lingvo kaj nacia identeco estas nuntempe tre vaste rigardataj samsignifaj. Onia «etna» aparteneco ofte determiniĝas multe pli per lingvo ol per iuj identigeblaj fizikaj karakterizaĵoj, kaj balotojn gajnas aŭ perdas Flandroj kaj Valonoj, bombojn eksplodigas kimraj naciistoj kaj eŭskaj apartigistoj, kaj masakroj estas fiplenumataj en multaj mondopartoj – plej laste en Sri-Lanko – surbaze de distingoj, kiuj estas unuavice lingvaj kaj kulturaj.

Traduko de partopreninto

46

was 11 Estas interese, kiom da variantoj akcepteble tradukas tion: *havis* 11 *jarojn*; *estis* 11-*jara*; *aĝis* 11 *jarojn*.

masculine, feminine *Virgenra, ingenra.*

after a little thought Kiel ofte okazas, laŭvorta interpreto tute bonas en la traduko; tamen admirindas iom pli esperanteca formo, ekzemple *pensinte iomete.*

perfect Denove la laŭvorta *perfekta* estas perfekta – sed tre plaĉis al mi *senriproĉa.*

astounding Ĉu oni traduku tion per *miregiga* aŭ per *mirigega*? Jen esperanta subtilaĵo. (Komprenenble, *miregigega* estus tamen troa!)

watch Laŭ mia opinio ne sufiĉas diri nur *horloĝo*, ĉar la tuja mensbildo estas ridiga. Ĝi estis *poŝhorloĝo*, komprenenble. (Mi kredas, ke en 1736 la *brakhorloĝo* ne estis jam inventita.)

it was Antaŭ tri numeroj [en alia rubriko] mi pritraktis la demandon de tiu ĉi angla frazformo, kaj tie mi atentigis, ke «mi mem ne plu komencas per *estas* (= there is, ktp)», kaj klopodis pravigi tion. Ŝajnas, ke mi malŝparis mian tempon, ĉar du trionoj el vi insiste komencis la propozicion per *estis*. Nur unu el vi, laŭ mia opinio, liveris la plej bonan solvon: *ĝuste tiu ĉi okazo... semis...*

lost his virginity Denove laŭvorta traduko estas tute en ordo; tamen kiel agrable trovi la ĝustan esperantaĵon: *malvirgiĝis*.

dominant chords Muzika metaforo, do necesas uzi la muzikan terminaron: *dominantaj akordoj*. Necesas ankaŭ kompreni la diferencon inter *kordo* («string») kaj *akordo* («chord»).

would like to have Unu el vi petis mian opinion pri *ŝatintus* en rilato al *estus ŝatinta*. Ambaŭ estas laŭ mia opinio tute bonaj kaj tute samsignifaj. La vera demando estas, kiomgrade dezirindas en la aktuala kunteksto kunmetita verbformo? Ĉu sufiĉas simpla kondicionalo? Nu, afero ĉefe de gusto; mi verŝajne elektus *ŝatintus*.

raffish Jen vere malfacila problemo, ĉar unuavice oni devas decidiĝi pri la ĝusta semantiko de tiu vorto. Laŭ mia sperto, en la plimultaj kuntekstoj – ankaŭ ĉi tie – ĝi estas uzata kun forta nuanco de malaprobo tolerema. Oni rekonas ies senmoralecon, tamen iom kaŝe admiras ties bravulecon. Se mi pravas, la traduko *kanajla* estas multe tro forpuŝa; nia *fripono* estas multe pli proksima, aŭ eble eĉ *diboĉema*. Tre kuraĝa propono estas *bravafekta*, kvankam ĝi ne trafas meze la celtabulon.

evasions Kvankam *evitoj* eblas, pli trafa ŝajnas al mi la vorto *elturniĝoj*.

★ ★ ★

Kiam la naskita en Venecio Giacomo Casanova havis 11 jarojn, li kun la patrino ĉeestis kunvenon kie angla vizitanto citis latinan epigramon: «*Discite grammatici cur mascula nomina cunnus / Et cur femineum mentula nomen habet.*» («Instruu al ni, ho gramatikistoj, kial *cunnus* (vagino) estas substantivo virgenra kaj *mentula* (peniso) estas ingenra.») Post ioma pripensado, Giacomo liveris la respondon per perfekta latina pentametro: «*Disce quod a domino nomina servus habet.*» («Estas tial, ke la sklavo alprenas la nomon de la mastro.») La anglo plurfoje ĉirkaŭprenis la miregigan knabon kaj donis al li sian poŝhorloĝon. Ĝuste tiu ĉi okazo, laŭ Casanova mem, semis en li la deziron por literatura renomo. Samjare, 1736, li malvirgiĝis. La du dominantaj liaj vivakordoj estis jam frapitaj.

Plaĉus al Giacomo medicine specialiĝi; moderntempe li eble fariĝus talenta, tamen iom diboĉema, psikanalizisto, ĉar la homaj instigoj kaj elturniĝoj tute ensorĉis lin.

Traduko bazita sur tiu de partopreninto

47

◀ p. 68

track Plej kontentigas min *vojspuro* (laŭ kelkaj *vojstreko*), sed ankaŭ *vojo* kaj *spuro* estas aparte uzitaj – tute pravigeble.

history Kompreneble, *historio* estas kutima en tia konteksto, tamen plaĉis al mi ies uzado de *vivrakonto*. («Esperanto ne havas sinonimojn!»)

impotence... power *Senpovo... povo*; *senpotenco... potenco*; aŭ kombinaĵo el la du.

suppression... expression *Subpremo... esprimo* redonas iom la sonan reeĥon.

mobilising Mi hezitas uzi ĉi tie *mobiliza*, ĉar PIV ŝajnas limigi ties signifon al militpreparo. Mian propran solvon, *motiviga*, uzis neniu el vi, kvankam iu ja donis: *instiga*.

innate *Natura* estas sufiĉe adekvata, sed pro la etimologio de la vorto mi preferas *ennaskita* aŭ *denaska*.

landmarks Oni povas diri *gvidsignoj*, *vojmontriloj*; mi preferas *orientiloj*.

territory Laŭ PIV-difinoj *teritorio* preferindas ol *tereno*.

her challenges *Ŝiaj defiiĝoj*. Tio, kio defiis ŝin, ne tio, kion ŝi defiis.

so many of Notu, ke la ĝusta prepozicio estas *tiom el*.

the rest Al mi tute ne plaĉas ĉi tie *resto*. Tiun formon tute ne registras PIV, kaj prave. Necesus *restajo*, kaj tiu propre signifas *postlasaĵo*, kio maltaŭgas en la kunteksto. Oni prefere adjektivigu la ĝustan vorton: *la cetera moderna mondo*.

self-esteem, self-loathing Ĉu *memestimo* aŭ *sinestimo*, *memabomeno* aŭ *sinabomeno*? PIV nur parte helpas. Montriĝas, ke *mem-* estas normala, sed «... oni povas... anstataŭigi *mem* per *sin*, por eviti la konfuzon...» Oni devus konkludi, ke ambaŭ «pravas». Mia lingva sento preferas *memestimo* kaj *sinabomeno*, sed mi ne emas pravigi tion – certe ne logike!

these are all things to watch *Ĉiuj ĉi estas aferoj pri kiuj*. (Por eviti singultajn amasiĝojn de *iuj*.)

not that one should Oni tamen ne. (*Sed nepre oni ne.*)

loved a good time Tre plaĉis al ŝi amuziĝi.

perfectly *Tute*.

Royal Enclosure Plej trafas *Reĝa Spektejo*. Ne necesas emfazi la enfermitecon! (Tamen *apartejo* ankaŭ estas trafa.)

Ascot Ŝajnas utile kaj ĝentile klarigi per *ĉevalkurejo Askoto*.

baiting *Inciteti, mokturmenti, provoketi*.

Establishment *Establaĵo* ŝajnas al mi ĉi tie erara. (Kiu ĝin establis?) El pluraj proponoj mi ŝatas *gravularon*.

predicament Mi estis la sola, kiu tradukis per *problemo* (aŭ *problemaro*) – sed malgraŭe, tiu ŝajnas al mi la plej proksima.

★ ★ ★

La vojo de la historio de Diana progresis for de senpotenco al potenco, de subpremo de doloro al ties esprimo, kaj al integrado de personeco kies mova forto estis ŝia propra natura kuraĝo. Gvidosignoj tie tute mankis, kaj ŝia ekiro en tiun nemapitan teritorion resonadis pro la simpla kialo, ke multaj el ŝiaj defioj alfrontis ankaŭ la ceteron de la moderna mondo. La serĉo por sinestimo, la maniero en kiu sinabomeno alkroĉiĝas persiste jaron post jaro, la bezono pri sento de aŭtenteco kaj celo: ĉiuj ĉi estas aferoj bone konataj en la epoko. Tamen prezenti ŝin kiel tro malgajan aŭ respondecan estus malĝuste. Plaĉis al ŝi amuziĝi kaj ŝi estis tute kapabla malbonkonduti, pusŝeti per pluvombrelo homojn en la Reĝa Spektejo de la ĉevala kurejo en Ascot, aŭ simple turmenti La Gravularon. Tamen ankaŭ ĉi tiuj estis simptomoj de la dilemo.

Traduko bazita sur tiu de partopreninto

48

did not like *Al mi malplaĉis*; sed eble ankaŭ *mi ne volis*.
how bad Pluraj el vi preferis *aĉaj* al *malbonaj*, kaj mi emas konsenti, ĉar *malbonaj* ne tre konvenas por priskribi vestaĵojn. Mankas al ĝi emocia nuanco. Ĉu «how» estu *kiel*

aŭ *kiom*? Tio kiel ĉiam dependas, ĉu ni aludas al la maniero aŭ la kvanto de la aĉeco. Laŭ mi, ĉi tie temas pri kvanto, do *kiom*.

subject *Temo* – ne *subjekto*, kiu ĉi-sence estas «falsa amiko».

with us *Inter ni* ŝajnas al mi pli ĝusta (kvankam neniu el vi konsentis!).

swinging along Jen malfacile tradukebla koncepto. Vi proponis preskaŭ dek solvojn, kaj ĉiuj estis akceptindaj. Plej allogas min *braksvinge defilante*.

cheered Pluraj uzis *aklami*, aliaj *hurai*. Elektu mem.

statesmen Tiu vorto estas pli esprimiva ol *politikistoj*, ĉar ĝi implicas altan rangon kaj admirindan sperton. *Ŝtatestroj*?

general officers Sufiĉas *generaloj*.

cried over *Priploris.*

scrambled through *Trabaraktis.*

red-hot *Ruĝarda.*

official *Oficialaj* ĝustas, sed iom pale spegulas la koncepton. Pli fortas *agnoskitaj*.

join us *Kuniĝi kun ni.*

tavern Ĉi tie *taverno* ŝajnas la ĝusta vorto, ĉar ĝi signifas pli-malpli luksa trinkejo, kie oni povas ankaŭ manĝi – tia loko, kian elektus por festo la ekssoldatoj.

decent coats to their backs Tio estas kliŝa frazo, kiu fakte ne signifas pli ol decaj *vestaĵoj*. Tamen oni sentas dezirinde iomete speguli la bildecon de la frazo, kaj pluraj elegantaj proponoj rezultiĝis. Sed *coats* ne povas esti *paltoj*, kiujn oni portas ekstere, do oni pensu pri jakoj: *kovri la dorson per deca jako*; *mankis al ili decaj jakoj sur siaj dorsoj*; *mankas al iliaj dorsoj taŭgaj jakoj*; kaj simile.

pitiful *Korŝira*. «In pitiful embarrassment» tamen povas esti *mizere ĝenitaj*.

did not want *Ne bezonis; ne volis akcepti*.

exchange for Plejofte Zamenhof skribis *interŝanĝi kontraŭ*.

and who shall restore to them the years that the locust hath eaten? Miscito el la Biblio: «Kaj mi rekompencos vin pro tiuj jaroj, kiam ĉion formanĝis la akridoj, skaraboj, vermoj kaj raŭpoj.» (Joel 2.25). *Akridoj* devas en Esperanto esti plurala; *la akrido* ne estas ĝeneraliga, sed indikas unuopan jam konatan insekton – aŭ ke ekzistas en la mondo nur unu sola akrido! Traduka problemo estas, ĉu traduki «restore» (*redonos; rehavigos*) aŭ restarigi la citaĵon (*rekompencos*)? Ambaŭ solvoj defendeblas. Kompreneble se vi preferas la duan alternativon, necesas unuavice koni la biblian tekston, kaj tio ne eblas al ĉiuj (eĉ ne ĉiuj biblio-posedantoj!).

★ ★ ★

Al mi ne plaĉis tiam pensi kiel malbonaj estas iliaj vestoj, ilia tuta situacio; tio ja ne estas agrabla temo. Ili estis kun ni, braksvinge defilante, aklamate de la inoj kaj maljunuloj, en tiu frutempa bataliono el la «Kitchener»-a Nova Armeo, estis kun ni kiam reĝoj, ŝtatestroj, generaloj, ĉiuj revuis nin, kiam la homamasoj ĵetis florojn, benis nin, priploris nin; kaj poste ili staris en la koto kaj akvo, trabaraktis la rompitajn pikdrataĵojn, vidis malheliĝi la ĉielon kaj malfermiĝi la grundon per ruĝarda ŝtalo, kaj hejmen revenis kiel agnoskitaj herooj, kiel ankaŭ jun-maljunaj laboristoj dezirantaj repreni siajn okupon kaj ordinaran vivon; kaj nun, en **1933**, ili eĉ ne povis renkontiĝi kun ni en taverno, ĉar ili ne povis kovri la dorson per deca jako. Ni povis tosti la tragedion de la mortintoj; sed ni povis nur fiksrigardi unuj la aliajn, korŝire embarasate pro ĉi tiu tragikomedio de la travivintoj, kiuj batalis por mondo, kiu ne bezonis ilin; kiuj revenis anstataŭigante uniformon per ĉifonoj. Kaj kiu rekompencos ilin pro tiuj jaroj kiam ĉion formanĝis la akridoj?

Traduko bazita sur tiu de partopreninto

49

Unu el vi nomis tiun ĉi tekston «peniga», alia nomis ĝin eĉ «bizara»! Nu, ĝi specimenas tion, kion oni klasifas «prozo poezieca», kio signifas ĉefe, ke abundas en ĝi metaforoj.

moved Surprizis min, ke du el vi eĉ nun ne konstatis la transitivecon de *movi*, kio postulas ĉi tie *moviĝis*.

in slow constellation Min ne kontentigas la unuavida traduko *en malrapida konstelacio*. La konstelacio estas evidente la ŝipaj lumoj, do la lumoj aspektas kvazaŭ stela konstelacio. Pro tio preferindas, ekzemple, *konstelacie malrapidis*. La formo *konstelaciecaĵo*, kiu vidigas la metaforecon de la koncepto, tamen eble estas troemfaza.

down river *Laŭ la riverfluo*, aŭ simile.

remembered Plimulto el vi preferis traduki per *rekonis*. Konsentite ke tio estas la kutima vorto en la kunteksto, sed ĝuste ĉar la originalo uzis vorton nekutiman (sed trafan), traduko per *rekonis* perdigas en la kunteksto iom da freŝeco. Plej trafas *rememoris sin reciproke* (la ebrieco tiel pli sentiĝas).

the British Legion Traduki per *la Brita Legio* aŭ *Legiejo* probable nenion diras al eksterlandanoj. Tial mi preferas la kuraĝan solvon de unu el vi: *la Ekssoldata Klubejo*.

made sigh *Aŭdigis suspirojn*.

headless Unu-du el vi sentis, ke *senkapaj* postulis klarigon *kapkaŝaj*. Ĉi-foje tamen mi opinias, ke simila gloso ne necesas kaj detruas la figuron. Ĉu oni tradukas aŭ interpretas? Ne mirinde, ke iu tre kompetenta komentis: «Ofte mi dezirus klarigi anstataŭ traduki.» Nu jes, sed ĉu necesis klarigi la originalon al ties legantoj?

metronomed their beats Oni havas elekton. Aŭ *metronomis siajn rondirojn*, aŭ *rondiradis metronome*. La dua ŝajnas al mi pli esperanteca.

close coupled courters El diversaj pli-malpli trafaj

proponoj, tre impresis min *arde alkroĉaj amparoj*, kiu interalie perfekte redonas la aliteracion.

riddled *Distruis.*

hoots Tradicie en Esperanto strigoj *ululas* (vidu PIV).

inertia Kontrolu en PIV kaj vi komprenos (espereble) kial mi preferas *inertecon* al *inercion*.

guard *Konduktoro*; tamen fervojisto inter ni atentigis, ke Esperanto-fervojistoj diras *(trajn)ĉefo*.

chuffed Mi ne kredas, ke necesas neologismo. Eventuale oni povus uzi la PIVan *ŝuŝi*, sed mia elekto estas *spirblovis*.

shards *Fumeroj.*

the waste ground Ĉi tie la artikolo en Esperanto ŝajnas ellasenda.

graveyard Pro la antaŭa *tombejo* kaj la postaj *tomboj*, mi preferas ĉi tie diri *enterigejo*.

eschatologies Jen bela ekzemplo de tia vorto, kia je la unua vido ŝajnas postulegi la kreon de neologismo. Oni skribu *eskatologio*, kaj jen la traduko estas «solvita». Tiu solvo havas kiel meriton, ke la originalan vorton la tradukanto eĉ ne bezonas kompreni! Kaj ĝi havas kiel malmeriton, ke la legonto ne povos kompreni pri kio temas krom se oni difinos ĝin piednote. Entute, tia neologismado ŝajnas al mi fuŝa kaj erara. La solvo laŭ mia opinio estu kunmetita vorto kiu difinas sin mem, kaj mia elekto estas *findoktrinoj*. Apartan gratulon al tiu, kiu proponis tre belan solvon – *Finecoj: la lasta Juĝo.*

★ ★ ★

Ŝipo lantkonstelacie moviĝis laŭ la rivera fluo. Du ebriuloj rememoris sin reciproke ekster la Ekssoldata Klubejo. La Glasgova trajno eligis vaporon kaj fumon kaj aŭdigis suspirojn. Katoj glitiris dum birdoj, senkape sekuraj, dormis. Policanoj rondiradis metronome. Televidaj bluaj grotoj. Arde alkroĉaj amparoj. Strigaj ululoj distruis la tombejon. La konduktoro fajfilis kaj la trajno venkis sian inertecon. Ĝi spirblovis kaj fumo leviĝis dissolviĝe. Kelkaj fumeroj trapasis super Brus-strato kaj super kaduka terpeco. Ili kirliĝis super la malnova enterigejo kaj plumoviĝis ŝrumpante trans la tombojn. Ŝelpeceto da luno arĝentumis ilian mallongan dancon. Al Mozbio eke enrigardanta ili preskaŭ videblis. Li haltis kaj enrigardis. La tomboŝtonoj nigris antaŭ pala fono. Findoktrinoj. Li staris ĝis tremeto trafis lin kaj lin pluirigis.

Traduko de Auld

50

you get *Oni ricevas.* Oni ne traduku per *vi*; la alparolito eble neniam vendas vestaĵojn!

bin liners *Plastaj rubaĵsakoj.*

once you've filled *Post kiam oni plenpakis.* Ne forgesu neceson de tiu *kiam*!

the bed is still piled high with *Sur la lito ankoraŭ restas alta amasego da.* Prefere ne *stako*, kiu signifas «amaso da samformaj objektoj».

sports clothes La diferenco inter *vesto* kaj *vestaĵo* estas tre subtila. *Vesto* estas «ĉio kion oni portas sur si por kovri la korpon»; *vestaĵo* estas «ĉiu el la pecoj de plurpeca vesto». Do en la kunteksto mi uzus *sportvestoj*, kaj 56% el vi same opinias. Sed oni ne rajtas diri, ke 44% el vi eraris!

briefs PIV klarigas, kiel necesas la sufikso *-et* en *kalsonetoj*.

tights La vorto *striktaĵoj* (pacon, d-ro Wells!) estas tre malbone elektita, kaj baziĝas senmotive nur sur la angla (ne usona) lingvo. Esperantisto rajtas demandi, kio precize estas tiuj aĵoj kiuj striktas. Mi ĝis nun uzis la vorton *kalsonŝtrumpoj*; tamen alia vorto, de kvar el vi (kaj de la 10-paĝa vortlisto *Clothing* eldonita de Ian, Judith kaj Robin Jackson), jam ŝajnas al mi preferinda: *taliŝtrumpoj*.

option *Elekto, alternativo, ebleco*, el kiuj plej popularis la unua. Mi mem tradukis per *mankas alternativo al ties uzado*. Sed tre plaĉas al mi la solvo de unu partopreninto: *oni volenevole devas ilin uzi*.

battered Mi hezitis pri la populara *batita*, ĉar ĉu oni fakte batas valizon? Proponitaj estis ankaŭ *trivita, kaduka* kaj eĉ *taŭzita* – el kiuj la plej ĝusta laŭ mia opinio estas la unua.

brown leather suitcase *Brunleda valizo* estas la plej simpla.

which had belonged to Tre elegantas uzi simplan participan formon: *aparteninta*.
lighter in colour *Pli helkolora*.
had been incinerated Stile, kiel ofte, oni rajtas elekti inter aktivo kaj pasivo: *cindriĝis* aŭ *forbrulis (forbrulintaj)*, aŭ *estis cindrigitaj* aŭ *forbruligitaj*.
a couple of thousand *Du mil* estas tro ekzakta. Temas pri *ĉirkaŭ du mil*.
plus any jewellery *Plus iujn juvelojn*. Laŭ PIV, *plus* estas konjunkcio. La akuzativo evitas eventualan ambiguecon. Ĝi indikas, ke ankaŭ la juveloj estas objekto de *entenis*, kaj ne partoprenas la ĵus menciitan *du mil pundoj*.
had with them *Eventuale kunportis*.
gathered up Ĉar temas pri ĝeneraligo, la *as*-tempo estas uzenda.
wham Inter vi, vi uzis naŭ diversajn unusilabaĵojn, sed feliĉe la plimulto uzis la tujkompreneblan kaj elvokivan *frap*.

★ ★ ★

Oni ricevas pli altajn prezojn se oni ne kunpremas vestaĵojn en nigrajn rubaĵsakojn, sed kiam oni jam plenigis kvar valizojn kaj sur la lito ankoraŭ troviĝas granda amaso de sport-vestaĵoj, ĉemizoj, subjupoj, nokto-vestoj, kalsonetoj, mamzonoj, ŝtrumpkalsonoj, ŝtrumpetoj, ŝuoj, smokingoj, anorakoj, piĵamoj, pluvmanteloj, puloveroj, ktp

ktp, tiam oni ne havas alian elekton krom uzi ilin. Je mezposttagmezo dekduo da nigraj rubaĵsakoj estis vicigitaj en la vestiblo kune kun granda trivita brunleda valizo, kiu apartenis al Petro, kaj tri preskaŭ same grandaj sed pli helkoloraj kaj malpli pezaj, kiuj estis uzitaj ĉefe de Lisa. Sali scivolis pri tiuj kiuj estis cindrigitaj ferie. Ili ankaŭ entenis verŝajne valoron de du mil pundoj, plus iujn juvelojn, kiujn ili havis kun si.

Sali ĉesis rideti kaj suspiris.

Morti estas terura penomalŝparado. Oni kolektas ĉiujn tiujn aĵojn kaj tiam – pum – oni ne plu estas tie por ĝui ilin.

Traduko de partopreninto

51

a warm month Bonstile: *monato varma.*

cosy Malfacile tradukebla, ĉar ĝi estas pli sugestia ol preciza. Ĝia signifo estas proksimume *varme envolvita* aŭ *envolvanta*. La plimultaj proponoj tro palis, sed *dorlotiĝa* estis trafa, kaj precipe *mufa* aŭ prefere *mufeca* estas gratulindaj. Unu el vi proponis *gemuta*, sed mi ne sukcesis trovi difinon de tiu neologismo, do ne kapablas juĝi ĝin.

cheer La plejofta traduko estis *regalo.*

groaning Probable (*ĝisĝeme*) ŝarĝitaj.

make *Faras* eventuale sufiĉus, sed multaj estis la trafaj proponoj: *ŝajnigas, starigas, kreas, estigas, portas,* ktp.

fictitious *Fiktiva* prefere ol *fikcia*. Memoru tiun belan deklaron de Zamenhof: «Mi ne dubas pri la fiktiveco de la tuta biografio de s-ro de Beaufront»! Ankaŭ eble *kvazaŭ-*.

is more delightful Diversmaniere esprimebla. Pli-multo preferis *pli ravas*.

matches *Pariĝoj*.

substantial Tiu vorto povas signifi aŭ *solidaj* aŭ *substancaj* kaj ambaŭ povas pravi en la kunteksto.

instead of... purse Malfacile redonebla frazo. *Anstataŭ simpatia interbatado de koro kun koro, aŭdiĝas tinto de monujo kun monujo.*

is looked to Kion precize implicas tiu esprimo? Ĉu oni anticipas? Aŭ altetaksas? Aŭ atendas? Aŭ fidas? Vi tradukis laŭ diversaj interpretoj. Mi elektus: *oni fidas al la luksa nova meblaro...*

a pure embrace Denove, kion celas Trollope? Probable ne simple *pura*? Ĉu *senkulpa* (ĉar geedza)? Aŭ *senkondiĉa*? Jes, la teksto ja enhavas plurajn tiklaĵojn! Cetere, *ĉirkaŭpreno* ŝajnas al mi pli bela ol *brakumo*.

gloss Ĉi tie temas pri *pompo*. *Glaceo* maltrafas, ĉar remburistaj ŝtofoj ne glaceas. Kaj *gloso...* estas «klarigo de la senco de neklara, arkaika aŭ nova vorto». Do: *freŝa brila pompo*.

stands in lieu of Plej simple *anstataŭas*.

rosy tints *Rozkoloraj nuancoj*.

true *Veraj*, aŭ *fidelaj, malfalsaj*.

★ ★ ★

Februaro certe ne estas monato varma; sed ĉe riĉuloj ĝi estas plejofte tempo mufece komforta. Ardaj fajroj, vintra regalado, knare plenŝtopitaj tabloj kaj varmaj lankovriloj kreas fiktivan someron, kiu laŭ kelkies gusto pli kontentigas ol longaj tagoj kaj la varmega suno. Kaj iuj geedziĝoj estas aparte vintraj pariĝoj. Ties ĉarmo dependas de samspecaj materiaj logaĵoj. Anstataŭ simpatia interbatado de koro kun koro, aŭdiĝas tintado de monujo kun monujo. Oni fidas al la luksa nova meblaro en la nova loĝejo anstataŭ al la ravo de senkondiĉa ĉirkaŭpreno. Oni apogas sin per la nova kaleŝo prefere ol per la nova korkunulo; kaj la freŝa brila pompo, pretigita per la manoj de remburisto, anstataŭas la rozkolorajn nuancojn, kiujn juna amo disponigas al siaj veraj adorantoj.

Traduko de Auld

52

rotten *Putra* kutime ne priskribas domon, kiu ne estas organika; pli normala estus *kaduka*. Eblus ankaŭ uzi *-aĉ*, ĉu adjektive ĉu sufikse.

to let *Lueblaj*.

mouldering away Ĉi tie oni eble povus diri *putriĝantaj*.

lodgings *Loĝejoj*.

those who let or those who came to take *La luigantoj aŭ la alvenintaj luontoj*. Kvankam oni foje trovas la formojn *ludonanto* kaj *luprenanto*, ili ne estas tute pravaj, pro la signifo de *lu-*.

scantily Plej trafas *malabunde*, kvankam ankaŭ *nesufiĉe* kaj similaj uzeblas.

spread over Probable *dise troviĝantaj*. Nek *disetende* nek *dissternite* liveras la ĝustan bildon.

sprawling Ŝajnas al mi, ke Dickens uzis tiun vorton – kvankam tre trafe – laŭ senco ne (laŭ vortaroj) preciza sed pitoreska. Kaj trovi ekvivalenton en Esperanto estas tre malfacile. Mi opinias, ke la plej trafa el viaj proponoj estis *dissterniĝantaj*.

stamping *Stamfantaj*. Sed ĉar la verbo estas netransitiva, necesas aldoni *per*.

slipshod Tiu vorto povas havi du signifojn: aŭ *pantoflaj* aŭ *eluzitaj*. Verŝajne Dickens celis la duan el ili.

with noisy threats Jen bela ekzemplo de prepozicia frazo prefere tradukinda per adverbo: *bruminace*. Tio ekspluatas Esperantan kompakton.

shabby Sendube plej bona estas *malelegantaj*.

with dispirited looks Jen alia ekzemplo de adverbigo, ekzemple *senvervmiene*.

mangling-women *Kalendr-* en Wells estas preseraro; tio devus esti *kalandr-*. Tamen ĉu «mangle» estas *kalandrilo*, jen alia demando. PIV pensigas, kaj *Esperanta Bildvortaro* konfirmas, ke temas pri briligo de papero dum produktado, kaj «mangling» ne celas briligi. Feliĉe, tiu sama *Bildvortaro* konfirmas, ke nia hejma aparato ja nomiĝas *prem-sekigilo*. Sekve, mi supozas, ke «manglingwoman» estu *premsekigistino* (*rulpremistino?*) – kaj al diablo tiuj, kiuj ne ŝatas longajn vortojn en Esperanto! Sed al sama diablo tiuj, kiuj kreas homonimojn: *kalandro* estas samtempe birdonomo («corn-weevil»). (Dankon al amiko, kiu atentigis al mi, ke *kalandro* ne estas «corn-weevil» (*kalandrao*), sed la birdo *stepalaŭdo*. Tion konfirmas PIV.)

chandlers Baze tiuj estis kandelvendistoj, sed la vorto uziĝis pli ĝenerale: *provizistoj*.

parlours Kvankam *salonoj* estas la plej proksima ekvivalento, la du vortoj iomete malsamas. Mi opinias, ke pli preciza estas *salonetoj*.

brick-fields *Brikejoj*. Memoru la titolon de fruega originala libreto *En la brikejo* de J. Wasniewski (1898).

skirting Ĉu necesas pli ol *apud*?

rank Unuavide oni emas traduki per *fetora*, sed iom da pripenso evidentigis, ke tio devas esti malĝusta. Temas prefere pri *vigla*.

dissenting chapels Eksterlande oni certe ne komprenas senhelpe pri kio temas. Ĉiu anglo komprenas la diferencon inter «chapel» kaj «church», sed eĉ en Skotlando ili malsamon signifas pro la religiaj diferencoj inter la du nacioj. En Anglujo temas pri neanglikana/anglikana; en Skotlando temas pri romkatolika/protestanta. Do eĉ nur pro la skotoj oni traduku per *neanglikanaj preĝejoj* kaj, por eviti ripeton de *preĝejoj*, oni kontrastu per *kirkoj*. La vorto *kapelo* estas malĝusta en tiu ĉi kunteksto.

★ ★ ★

Malseketaj kadukaj domoj, multaj lueblaj, multaj ankoraŭ konstruataj; multaj duone konstruitaj kaj forputriĝantaj – loĝejoj, kie oni malfacile juĝus pri kiu pli meritas kompaton, ĉu la luigantoj aŭ la alvenintaj luontoj – infanoj malabunde nutritaj kaj vestitaj, dise troviĝantaj sur ĉiu strato kaj dissterniĝantaj en la polvo – riproĉantaj patrinoj kiuj stamfas per siaj eluzite ŝuitaj piedoj bruminace sur la trotuaroj – malelegantaj patroj rapidantaj senvervmiene al tiu okupo, kiu havigas al ili la ĉiutagan panon kaj malmulton pli – rulpremistinoj, lavistinoj, ŝuflikistoj, tajloroj, provizistoj, farantaj siajn metiojn en salonetoj kaj kuirejoj kaj malantaŭaj ĉambroj kaj mansardoj, kelkfoje ĉiuj sub la sama tegmento – brikejoj apud ĝardenoj palisaritaj per daŭboj de malnovaj bareloj, aŭ per ligno rabita el domoj bruligitaj, nigrigitaj kaj flamvezikigitaj – amasetoj da rumeksoj, urtikoj, kruda herbo kaj ostrokonkoj amasigitaj en vigla ĥaoso – malgrandaj neanglikanaj preĝejoj por instrui, sen manko de ekzemploj, la mizerojn de la Tero, kaj abundaj novaj kirkoj starigitaj per iom da superflua riĉeco, por montri la vojon al Ĉielo.

Traduko de Auld

53

issue *Numero* preferindas ol *eldono*.

surfing Kiel ofte en komputila terminologio, la angla termino estas kreita metafore. Sed tiu metaforo ne reproduktiĝas pere de la esperanta *surf-*, kio sekve estas evitinda. Du el vi provis pravigi la ideon per uzado de *surfrajdi*, sed eĉ tio ŝajnas al mi maltrafa en Esperanto. La ceteraj proponis ok solvojn. Eble estas interese listigi tiujn: *tramigri, navigi, serĉeti, troli, esplori, trarigardi, traserĉi, transvagi.* Ĉiuj pli-malpli solvas la problemon. Mi mem emas uzi *tramigri* (kiu ankaŭ estas iomete metafora). [Forfalis intertempe de la angla la esprimo *surfing the Internet*. Konkretiĝis en Esperanto la verbo *retumi*.]

gadget Evidente tiu ligiĝas al la posta vorto «device». Denove prezentiĝis proponoj alternativaj, el kiuj plej popularis *akcesorajo, aparato* kaj *ilo* (*umo*), *aparato* (*elpensaĵo*).

fits in your pocket *Porteblas en la poŝo.*

accessed in an instant Por la lastaj tri vortoj plej taŭgas *tuj*. Por la unua plej popularis *alirebla*, kvankam mi mem preferas *atingebla*.

scanned optically La vorto *skani* estas neologismo kaj ne troviĝas en PIV. Ĝi estas ankaŭ nenecesa. Sufiĉas *legeblas* aŭ *legiĝas. Perokule* (kaj ne *optike*).

registering directly Participo ĉi tie estas gramatike erara en Esperanto; oni uzu prefere simplan verbon (*kaj*

peras informojn rekte al la cerbo). Se oni uzas malsaman verbon, eblas diri *senpere* anstataŭ *rekte*.
- **flick of the finger** *Fingrofrapeto*.
- **browse** Laŭvorte *paŝtiĝa*, sed eble prave oni emis eviti tiun metaforon. Plaĉis al mi *gustumada*.
- **feature** Bona ebleco estas *rimedo*.
- **come with** *Inkluzivas*.
- **pinpoints** *Precize indikas*.
- **retrieval** *Retrovo*.

★ ★ ★

Samnumere, la verkist(in)o Lisa Appignanesi rakontas, ke dum tramigro de la interreto ŝi trovis reklamon pri miriga akcesoraĵo, aparato kiu facile uzeblas, bezonas neniom da elektro, porteblas en la poŝo, kaj tuj atingeblas. Ĉiu folio de tiu teĥnologia miraklo «legiĝas perokule, kaj peras informojn rekte al la cerbo. Fingrofrapeto rivelas la sekvontan folion. La ‹gustumada› rimedo permesas senprokrastan transiron al iu ajn folio kaj laŭvolan moviĝon antaŭen aŭ malantaŭen. Multaj inkluzivas ‹indeksan› rimedon, kiu precize indikas ĝustan lokon por tuja retrovo. Uzantoj povas eĉ fari notojn apud tekstaj enskribaĵoj per ‹akcesora programebla ilo, Kripta Reforviŝebla Alkomunika Jakpoŝa Ortografia Notregistra Objekto›, mallonge KRAJONO.»

Traduko de Auld, kun lasta frazo de partopreninto

54

rumpy pumpy Kompreneble, estis ĝuste la spritega titolo, kiu logis mian atenton al la artikolo. Mi tiom admiris ĝin, ke mi tuj sentis fortan emon se eble esperantigi ĝin (mia normala reago). Pri «rumpy pumpy» mi rapide kontentigis min: *koksofroto*. (Mi svage memoras, ke Schwartz iam rimis per *fokstroto–koksfroto*.) Kelkaj el la alternativoj proponitaj de vi estis: *lito-rito, lito-ŝvito, pugopumpi*. Sed «namby pamby» montriĝis malpli cedema.

namby pamby Kvankam la signifo de tiu esprimo estas sufiĉe klara, tamen ĝia etoso estas malfacile redonebla (kaj oni prefere reproduktu la formon, kiu estas nepre grava). Fakte nur du el vi vere trafis la celon: *fola-mola, lula nula*. Aliaj parafrazis per ekzemple *afekta*, aŭ tradukis la tutan titolon, ekzemple *prude kruda sekso*. Ankaŭ pri miaj propraj solvoj mi ne tre fieras: *malfebre febla, mikrotikla*. Mi konkludas, ke mi devas kontentiĝi per *fola-mola*.

Sex and the City Kvankam oni povas traduki per *sekso*, tamen la vera intenco de tiu frazo eble reproduktiĝas per *Amoro en la Urbego* (prefere ol *civito*).

the ladies' room Plej trafas simpleco, laŭ mi: *sinjorina ĉambro*.

awkward Tiom malpreciza estas tiu adjektivo en la kunteksto, ke ĝi invitas amason da diversaj tradukoj: *maltrafa, embarasa, misa, mallerta, maloportuna, malkonvena, maleleganta*, kaj ĉiuj plenumas la taskon. Inter ili, la plej populara estis *mallerta*.

discrepancy La plimulto el vi elektis *malakordo*, kvankam eble *malkongruo* same taŭgas. Kiu uzis *kontrasto* eventuale evitis duoblan *mal*-uzadon en la duvorta esprimo.

knocking La metaforon pli-malpli konservas *tuŝas*.

New Yorker Iom surprize, ne ĉiu el vi konstatis, ke tiu estas *novjorkanino*.

ridiculous Pluraj el vi preferis uzi *groteska*, kaj tio en la kunteksto estas trafa. Eble ankaŭ *absurda*.

man-eaters *Virvorantoj*.

nature *La naturbezonoj*.

coyness Efektive la difinoj en PIV pri *modest-* ne apogas ties uzon en tiu ĉi kunteksto, kaj eĉ *delikat-* estas iom dubinda por la traduko. Eble *hontemeco* plej trafas.

irritating *Ĝena, agaca*, prefere en verba formo.

groundbreaking La natura vorto en Esperanto estas *pionira*.

sitcom Tiu ĉi ĉiutaga esprimo estas malfacile tradukebla, parte pro tio, ke ĝia signifo en la angla ne estas tute preciza – ni scias, kio ĝi estas, sed kiel oni difinu ĝin, krom per longaj multvortaj frazoj? Ĉu *situacia komedio* sufiĉe klare peras la fenomenon? Tial mi emas saluti la provon *amuzdramo*. Lastmomente enviciĝis la trafa *komedia felietono*.

would Logiko postulas estontan, ne kondicionalan, verbon.

stagger *Konsternos,* aŭ *surprizegos, miregigos.*

the Pilgrim Fathers Prave skribis al mi unu partopreninto: «... nuda aludo al ‹Pilgrim Fathers› signifus nenion al la plej multaj Esperantlingvanoj ekster Usono kaj Britujo. En la kunteksto tre gravas la implico pri morala sinteno kaj tempodaŭro, do mi sentis, ke estas nepre enmeti ion por Esperanta legantaro tutmonda.» Do li tradukis per *ek de la enmigro de la Puritanaj Pilgrimoj* (devas esti *Pilgrimintoj*) *antaŭ tricent okdek jaroj.* Li nepre pravas, kaj tio estas ne malofta problemo – aludo al loka kulturaĵo. Unu el vi tradukis per *la unuaj koloniantoj,* kaj eble tio plej ekonomie solvas la problemon.

anatomy *Anatomio* ĉefe estas nomo de scienco, kaj tial preferindas *korpoparto.*

was in the air *Etose ŝvebis.*

★ ★ ★

Fola-mola Koksofroto

Oni jam sciis, ke estas fiaskinta *Amoro en la Urbego* (merkredon, Kanalo 4), kiam rolantino petis por viziti la sinjorinan ĉambron. Neniam okazis malakordo pli mallerta inter stilo kaj enhavo. Eble ekzistas novjorkaninoj, kiuj nuntempe vizitas sinjorinan ĉambron. Sed aktuale ili certe aĝas preskaŭ 80 jarojn. Parolate de moderna novjorkanino, tigrino en la seksĝangalo, tiu frazo estis groteska. Eble tiuj virinoj estis en la lito virvorantoj, sed kiam la naturbezonoj postulis ili refariĝis sinjorinoj.

Duoble ĝenis la hontemeco ĉar laŭintence tiu serio celis pioniri, esti la unua «plenmatura» usona felietona komedio atingonta trans niajn landlimojn. Ĝi konsternos nin per sia malkaŝemo. Estos televide diskutataj temoj tabuaj ekde la Plejfruaj Enmigrintoj. Neniu korpoparto estos neglektita, neniu seksa devio estos ignorata. Ribeletoso ŝvebis.

Traduko de Auld

55

a non-Gaelic speaker Pro klareco mi preferas: *iu, kiu ne scipovas la gaelan*.

much of it Laŭ mia opinio *da* ne uzindas en tiu ĉi kunteksto. Kutime oni diras: *multo el ĝi*.

mind-numbingly *Mensosensentige; mensparalize; mens-stuporige*.

shoe-horned into Iom surprizite mi konstatis, per PIV, ke *ŝukorno* estas internacia. Mi tamen hezitas uzi ĝin verbe – sed kial? Nu, mi preferus: *ŝukornece ŝovitaj*.

1950s fashions *Modaĵoj el la* 50-*aj jaroj*.

butchered... into *Buĉis... per*

fussy Pluraj el vi uzis *pedantaj*, sed pli bona laŭ mia opinio estas *komplik(aĉ)aj*.

judges Ne *juĝistoj*, sed nur *juĝantoj*.

dour Probable la plej proksima vorto estas *severa*.

self-righteous Oni povas diri ekzemple *memkontentaj* kaj simile, sed fakte la ĝusta esprimo estas *fariseaj*.

church elder Oficulo de la presbiterianismo, kies traduko (kvankam tion ne igas tute klara PIV) estas *presbitero*. Aldoni *preĝeja* aŭ *kirka* estus pleonasme.

prescribed *Preskribita* aŭ *deviga*.

daft *Frenezeta*, aŭ eĉ *idiota*.

sporran La vorto *sporano* mankas en la plimultaj vortaroj, inkluzive de PIV, sed ĝi havas ekzistorajton kiel vesta specialaĵo (same kiel *kimono, sario* kaj aliaj). Aliflanke, multaj ne komprenus pri kio temas, kaj konsilindus aldoni piednoton, kion faris unu partopreninto. Ĉu eble *antaŭsaketoj* preferindus? (Afero de gusto, ŝajnas al mi.)

for comfort *Por konsoli sin*, laŭ PIV. Sed eble *por komfortiĝo* povas akcepti tiun signifon.

pubs and bars Kiom malsimilas tiuj du? Ne multe. Oni povas diri: *tavernoj kaj drinkejoj*. *Bufedo*, cetere, ne estas ĉambro, sed servotablo, sekve se oni volas uzi tiun radikon pri *bars*, necesas diri *bufedejoj*.

blustery Oni emis elekti *tumulta* aŭ *ventblovata*. Mi emas diri *ventoza*.

pure magic Normale Esperanto diras *vere sorĉaj*.

to hear English spoken *Aŭdi la anglan parolata*.

immaculately turned-out *Senmanke* aŭ *bonorde* aŭ *senriproĉe vestitaj*.

innocent Pli trafa ol *naivaj* estas *senpekaj* aŭ *senartifikaj*.

Canterbury Ĉu alilandanoj komprenos la aludon? Unu el vi saĝe tradukis per *en la katedralo de Canterbury*.

★ ★ ★

Al iu kiu, kiel mi, ne scipovas la gaelan, multo el ĝi estis mens-stuporige teda. Gregoj da mezaĝulinoj ŝukornece ŝovitaj en modaĵojn el la 50-aj jaroj buĉis bele simplajn gaelajn melodiojn per komplikaĉaj aranĝoj, esperante altiri la atenton de juĝantoj tiom severaj, ke ilia rigardo povus acidigi lakton. Fariseaj presbiteroj kantis, montrante la devigan mienon de frenezeta surprizo, dume manpremante siajn sporanojn kvazaŭ por sin konsoli.

Aliaj programeroj en la tavernoj kaj drinkejoj laŭlonge de la ventoza marborda korso estis vere sorĉaj. Ege dignaj hebridanoj kantis ravajn amkantojn verkitajn de gaeloj, kiuj verŝajne mortis neniam aŭdinte la anglan parolata. Senmanke vestitajn infanojn anĝelvizaĝajn oni starigis sur bufedaj taburetoj por melodii per voĉoj tiel puraj kaj senpekaj, ke ili povintus egali ion ajn aŭdatan en la katedralo de Kanterberio.

Traduko de Auld

56

studio Ĝusta traduko estas *ateliero*, ne *studio*. *Studio* estas «tuto de la laborejoj necesaj por produkti filmon...», dum *ateliero* estas «speciala ĉambro, kie laboras artistoj...» Jen tia kaptilo, kia ofte minacas pro simileco de vortoj en diversaj lingvoj. Taŭgas ankaŭ *artlaborejo*.

odour of roses Nia teksto enhavas tri sinonimojn – «odour», «scent», «perfume» – kaj unuavide Esperanto havas nur *bonodoro* kaj *parfumo*. Tamen eblas uzi *balzami* = fari bonodora. Do: *la atelieron balzamis riĉa rozparfumo*.

light Prefere *malforta*. *Leĝera* aludas al pezo, ne al forto.

pink-flowering Kiel precize priskribi la koloron? Tradicie oni uzas *rozkolora*, sed rozoj estas tre diverskoloraj. Multaj uzis *ruĝeta* (= ruĝnuanca), kaj tio eble taŭgas. Iom hezite, mi emas diri *palruĝa* (= palruĝe floranta).

thorn Kompreneble ne temas pri unuopa pikilo *dorno*. Temas pri ia *dornarbusto*, eble sed ne nepre *kratago*. La *dornujo* de unu partopreninto estas bona.

could just catch Tiu frazo, kvankam limiga, estas tamen pozitiva: la laburno ne estis kaŝita, sed videbla. Cetere, ne temas pri *kapti*, sed pri *vidi*. La koncepto ne estas facile transdonebla. Plej uzinda estas *ekvidi,* do *povis ĝuste ekvidi.*

blossoms Anglaj vortaroj vere ne diferencigas *blossom* kaj *flower.* Por redoni la ĝustan bildon oni tamen uzu en Esperanto *arboflor(et)oj.* La vorto *infloresko* estas bela sed eble ne tute ĝusta en la kunteksto.

as theirs *Kiel ties* aŭ *kiel la ilia.* La malpravon de *sia* oni konstatas, se oni enmetas *estis*: *kiel estis sia.*

fantastic La ombroj estis realaj, ne fantaziaj. Oni sekve devas diri *fantaziecaj.* (Same pri *fantastaj.*)

tussore-silk Tiu ŝtofo estas ĝis nun nekonita en Esperanto, do kiel nomi ĝin? Ĉu krei neologismon (kiu necesigus piednotan difinon)? Aŭ certigi, ke la vorto mem estu la difino (kiel estas normale en Esperanto)? «Tussore» estas flavbruna silko el sovaĝaj hindaj raŭpoj do *hindsilkaj* aŭ *el hinda silko.*

pallid Simple sinonimo de «pale», do sufiĉas *palaj.*

sense Oni povas uzi *sento* aŭ prefere *impreso.*

★ ★ ★

La atelieron balzamis riĉa rozparfumo, kaj kiam malforta somera venteto ekmoviĝis inter la arboj en la ĝardeno, envenis tra la malfermita pordo la peza bonodoro de siringoj, aŭ la parfumo pli delikata de la palruĝe floranta dornarbusto.

En angulo de la divano el persaj selsakoj sur kiu li kuŝis, laŭkutime fumante sennombrajn cigaredojn, Lordo Henriko Voton povis ĝuste ekvidi la mieldolĉajn kaj mielkolorajn arboflorojn de laburno, kies tremetaj branĉoj ŝajnis apenaŭ kapablaj porti la pezon de belo tiel flamsimila kiel ties; kaj de tempo al tempo la fantaziecaj ombroj de birdoj flugantaj flirte transis la longajn hindsilkajn kurtenojn tiritajn sur la grandega fenestro, momente kaŭzante japaneskan efikon kaj pensigante lin pri tiuj palaj jadvizaĝaj pentrartistoj en Tokio, kiuj, pere de arto laŭnecese senmova, klopodas krei senton de rapideco kaj moviĝo.

Traduko de Auld

INDEKSO

Ĉi tiu indekso listigas la anglajn vortojn diskutitajn en la komentoj, plus multe da aliaj esprimoj, kies esperantigo estas aŭ interesa aŭ malfacile trovebla en vortaroj. Ĉe la fino troviĝas unu kroma indekseto pri Esperantaj vortoj, kaj pri temoj. Ni ne enmetis sinonimojn (ekzemple ni indeksis «daft» sed ne «foolish»): simple foliumu, se vi serĉas similaĵon. La numeroj estas de ekzercoj.

1950s fashions **55**
A-levels **2**
absurd fusses are made **22**
accept (a premise) **18**
accessed in an instant **53**
accidental **35**
acid-rockers **32**
action (= actions) **43**
actuality **2**
addicts **33**
affection **15**
affinity **45**
again and again **24**
against specialist advice **27**
age cannot wither her **6**
aged chap **23**
aggravated assault **26**
ailing **44**
air, be in the **54**
alcoholic (= person) **14**
alien **6**
all in all **40**
all the... **34**
alley **9**
allowed to die, not be **41**
alone **43**

along, swinging **48**
aloud, read **36**
Alpine rescue **26**
amenable to statistical measurement **29**
America **8**
American **22**
amplify **29**
anatomy (= body) **54**
anglepoise **17**
answer the phone **39**
appalled by **1**
appear (= into view) **21**
application, fill out an **18**
argue **16**
artifacts **35**
as full of beer as himself **44**
as only siblings are, privy **37**
as theirs **56**
Ascot **47**
ashen **13**
ask of **45**
ask to visit **54**
assault **26**
assets **8**, **12**
astounding **46**

astoundingly bloody boring **18**
Atlantic **8**
attributes (of people) **6**
authorities **23**
avoids (= lets you avoid) **3**
awkward **54**
background **12**
backside of heaven **14**
bad breath **26**
bag **36**
bait (the Establishment) **47**
barbed wire **48**
bars (= pubs) **55**
Basque **45**
bath, in the **8**
battered (suitcase) **50**
bay window **39**
beaten tracks, venture off the **16**
beats (of policemen) **49**
bedroom **39**
bedside table **31**
beef (= muscle) **26**
behaviour pattern **43**
being (= because it is) **44**
bell (at end of lesson) **36**
belonged to, which had **50**
bemused **18**
Benefit, Single-Parent **18**
billboard **43**
bin liners **50**
blame on, lay the **44**
blankly, staring **11**
blind eye, turn a **25**
blossoms **56**
blundering **24**
blushing, still **36**
bluster(y) **28**, **55**

bonding (with parents) **19**
bonus, accidental **35**
bosoms **20**
both... and... **5**, **33**
bothers me, not what **15**
bother to **43**
Bramah, a positive **7**
Bramall Lane **7**
brandy **26**
break into (houses) **18**
brick-fields **52**
briefs (= knickers) **50**
brink of, on the **33**
British Legion **49**
brogues **21**
brown leather (suitcase) **50**
browse feature **53**
Bruce Street **49**
brute **26**
Buffy Struggles **13**
bugger, the poor **24**
burst open **36**
bury (= forget) **36**
butch **3**
butcher into **55**
button, magic **36**
buttress of a hooter **7**
call into being **32**
can't, you (= best not to) **13**
Canterbury **55**
caps, baseball **10**
careful how... **13**
catch (= glimpse) **56**
catmint **17**
celebrate (a quality) **5**
cement (metaphorical) **12**
central heating **33**

central (role) 25
central to 29
chains, snow 14
challenges 47
champagne 29
chance of that, not much 22
chandlers 52
change, right (= money) 39
chapels 52
Chappaquiddick 37
cheer (= good spirits) 51
cheered 48
cheese (at end of meal) 41
children's (TV) 23
chords, strike dominant 46
chromium-plating 27
chuffed (of a train) 49
church elder 55
civil (= polite) 39
cloakroom 36
close coupled courters 49
clouts, fetch 26
coats to their backs, decent 48
cobbles 3
cobra 9
Coke 18
come in (of spiders in winter) 17
come in (of tide) 28
come with (= include) 53
comfort, for 55
comfort, in 16
common earthworm 13
common (solution) 40
commuter trains 39
companion, with a 44
company (= companionship) 30
complaint 33

computer 27
conceivable, every 33
confide in 8
confound 27
conjures (= evokes) 5
conk (= nose) 7
constable 44
constellation, in slow 49
constitution (= physical makeup) 44
contain mirth 39
contemplation of, in 28
Continent (= Europe) 16
contrariwise 29
contrived to 44
convenient 35
cool (= good) 32
cool it 26, 32
cornflakes 11
corn-weevil 52
cosy 51
could be made to cover everything 16
couldn't care less if they end up... 18
count (= matter) 41
country, God's own 21
couple of thousand 50
cover (costs) 16
coward's way out 33
coyness 54
craftily 24
creeper 17
crime (= phenomenon) 25
crossing over 14
crowds on the street 9
crush (= destroy) 34

crux of the matter 6
cry over 48
culture-vultures 32
current aesthetic 5
cut dead (= ignore) 10
cynical 5
daft 18, 55
damage 36
dance (of butterflies) 17
dark 17
dashed soon 13
declined in value 12
defensively 36
deficiencies 8
definition, by 29
degradation, in the lowest stage of 42
delightful, more 51
demand (an explanation) 36
dementia 38
demos (= protests) 5
dependency addicts 33
depression 19
designed artifacts 35
designers 5
determination 20
determine (= decide) 30
difficulties 40
dig out from under 26
disability 29
discovery 39
discrepancy 54
dispirited looks, with 52
dissenting chapels 52
ditch, in(to) a 44
doddle 3
doldrums 33

dominant 12
dominant chords 46
dominated by 35
doom-mongers 19
doomed to 38
dour 55
down around one's ankles 15
down at the pier 15
down river 49
dozens 24
dozens, in their 17
dreadful 18
drive off a bridge 37
dump (= deposit) 19
dwell 34
dwindle 49
eagle eye out for, keep an 25
earn one's bread 42
ease 29
easy way out, take the 15
eau de cologne 30
economy (= efficiency) 16
Ed's Diner 10
Edwardian 39
egalitarianism 5
elder, church 55
embark upon 23
embrace 46, 51
end (of a wave) 28
English speakers 9
English spoken, to hear 55
equated 45
Esau 36
eschatologies 49
Establishment, the 47
evasions 46
even *with* 12

ever-thickening 34
evidence, what is the 29
examine (navel) 36
example of, take the 22
exchange for 48
experience of pleasure, measure the 29
exquisite 55
eye, in front of the world's 42
fad, exercise 6
fading (light) 6
fall for 17
falling down (= dilapidated) 2
fantastic 56
far from it 43
Faraday (= dog's name) 26
farmer 42
fashion 5
fastest available method 9
fathers (= priests) 38
feature (of a gadget) 53
fed on 18
Felicity (= name) 38
fellow, a (= one) 13
feminine (= grammatical gender) 46
few ideas, woman of 20
fictitious 51
fiddling around 11
filthy little beasts 36
finest (aspirations) 43
fire, under 30
fire-escape 37
fired (of cheeks) 20
firing back (of sunlight) 14
first, at 45
first (= main) 8
first thing we discovered 39
firth 21
fit inside 34
fits in your pocket 53
fittest (survive) 43
five-bedroomed 39
flashes, quick 23
flaw (in argument) 13
flick of the finger 53
flintlock 21
fonts 40
fool about with 13
for 22, 37, 48
foredoomed 32
foreign (words) 40
form (= come into being) 28
frankly 18
frankness 54
free to give your attention to 41
fricative, velar 40
from A to B 9
fuss 22
fussy 55
gadget 53
galère 33
gaps 3
gas fridge 27
gasps 6
Gaydn (= Haydn in Russian) 40
general officers 48
gigantic 30
gimcrack 4
girls (= young women) 42
give it an inch and it takes a mile 22
glamorous 5
glitzy 32

gloss (= superficial beauty) 51
glossy 32
go out (of tide) 28
go too far (= exaggerate) 23
good food 29
good for us, must be 29
good start, off to a 41
good time, love a 47
gracious 41
graveyard 49
gravy 37
griddle 9
groaning (tables) 51
groundbreaking 54
guard (on a train) 49
guts, hits you right in the 11
habitué 16
hair, mad 23
half-a-dozen 8
half-built 52
handful of (= a few) 16
happiness pill 33
happy hunting 14
harping on age, this 6
harsh (world) 43
hates, private 21
he (= he or she) 43
headless (of sleeping birds) 49
health evaluation of costs and benefits 29
heart beats to heart 51
heaven 14
heaving (= crowded) 7
Hecuba to him, what's 45
help-lines 33
high, get 5
hill (= slope) 21

history (= life story) 47
hit-and-run satirists 32
hockey sticks 36
hold on, get a 11
holography 27
honorary position 21
hoot (of owls) 49
hooter (= nose) 7
hours in advance 41
hovercraft 27
how bad 48
image (of a job) 2
imagination 5
imagined 33
immaculately turned-out 55
impotence 47
impressed, seriously 20
impression, make an 19
incidental to 37
incinerated 50
income 42
induce 38
inertia 49
inflamed 44
informed (= aware) 25
inhibit 25
iniquity 8
innate (courage) 47
inner self 42
innocent 55
inside the year 13
instant, accessed in an 53
institutions (= orphanages) 19
intended to be 42
intimation, my first 36
into battle, send 38
intrepid voyages 7

irritating 54
issue (of periodical) 53
it was this... that 46
jet-setter 32
join us in a tavern 48
Jovian 34
judges (competition) 55
just as (= just when) 14
keep the children out 41
Kennel Club 26
kennel one's dog 26
ketchup bottle 26
kick out of, get such a 1
kiddies' (TV) 23
kids (= children) 39
kilt 21
kindergarten 11
knocking (= almost) 54
know, didn't want to 1
ladies' room 54
lady (unmarried) 42
landmarks (metaphorical) 47
lap 20
last minute 41
Latin-sounding 37
law, Community 12
lawn 39
lay the blame on 44
learn to stop worrying and... 3
leaving you free 41
let, houses to 52
let off steam 1
Levis 10
lick down 19
lid (of a cap) 21
lieu of, stand 51
life forms 34

light (wind) 56
lighter in colour 50
like to, I did not (= want) 48
literacy 23
live well 42
living (= surviving) 44
lobby-world (= pressure groups) 22
lock (wheels) 14
lodgings 52
long-dead 45
long-playing record 27
look to (= be mindful of) 51
looking out on 39
looks not counting 41
lose one's virginity 46
lot (= class of people) 29
lowest stage of degradation 42
lumps, take one's (= be punished) 26
mack (= raincoat) 50
made to serve, can be 16
magic, pure 55
maimed, to be 38
maintain right through to... 41
make (a summer) 51
make more of oneself than 42
man (= human) 43
man (vocative) 32
man-eaters 54
mangle 52
mangling-women 52
marijuana, on 23
marry for money 42
masculine (= grammatical gender) 46
master-card 12

matches (= pairings) 51
matter (= material) 34
meagre 15
media men 32
medical experts 29
meet (eyes) 36
megastars 32
mess 28
metronomed their beats 49
mind one's own business 25
mindless labour 3
mind-numbingly 55
mirth 39
misguided 13
mishap 44
miss a trick 8
mobilising (force) 47
models (fashion) 32
money, marry for 42
monstrous 34
month, a warm 51
mood (of a meal) 41
mood-altering 5
moon-walking 17
moreover 35
most beautiful of 40
Mother Goose 19
motivation 37
moulder away 52
move (= persuade) 13
much of it 55
muck 13
mushrooms 20
my ... and ... 17
my (emphatic) 35
namby pamby 54
named after 34

National Curriculum 2
nationality 1
nature called, when 54
near misses 37
net curtains 24
never possess again, a treasure she might 20
New Yorker 54
next 8
NHS 2
niff 7
night's work 15
nighty 50
'ninety-three (year) 13
no-no 1
no-nonsense 9
noisy threats, with 52
non-Gaelic speaker 55
nostalgia for a safer time 5
nosy-parker 25
not altogether so melancholy 44
not quite so great 44
not that one should 47
not to mention... 17
not working very well, schools are 18
odour 56
officers (parish) 44
official (= recognised) 48
old days 22
old orders 5
old temptation, the 35
once you've... 50
one by one 17
one of 21
one or the other 44
one, when she got 20

open (= not closed) **15**
opposite side of, on the **11**
optically **53**
option but to..., no **50**
over one's head, break a bottle **37**
over the hill (= too old) **32**
overstretched (resources) **1**
overthrown **38**
overwhelming **34**
pallid **56**
paperclip **36**
parent **18**
parlours **52**
parse (a sentence) **18**
part (of a town) **39**
partygoers **32**
passage (by bus) **9**
passage, rites of **23**
pause (at the door) **15**
paving **3**
perfect (= faultless) **46**
perfect (= in a perfect state) **41**
perfectly (= fully) **47**
perpetrate **45**
personal **45**
petty crime **18**
phone, answer the **39**
photocopying, Xerox **27**
pick off (= kill) **17**
pickup (= vehicle) **14**
piled high with **50**
piles, steaming **19**
Pilgrim Fathers **54**
pink-flowering **56**
pinpoint (= indicate) **53**
piquancy **29**
piss out of, take the **23**

pisspot **15**
pitch one's tent (= move in) **17**
pitiful embarrassment **48**
place where, the one **41**
plasterboard **31**
plausible **23**
playboy playwrights **32**
plumber **39**
plus any jewellery **50**
pocket, fits in your **53**
poised **24**
poisoned **43**
poke (with umbrella) **47**
poll-tax **2**
poor-little-mes **33**
pop out of **14**
position to, be in a **25**
possessed of **38**
power **47**
power mower **3**
power of living well **42**
power steering **27**
poxes **37**
predicament **47**
prefect (school) **36**
prescribed (appearance) **55**
press vigorously for **12**
presume, I **15**
pretty **41**
pride of place **42**
prime, days of our **7**
private soldier **30**
privatise **25**
privy as only siblings are **37**
probability **44**
probe (space) **34**
propagate **29**

provide for (= permits) 22
provisions (legal) 12
pubs 55
puff out (= extinguish) 24
pull oneself together 13, 33
pundits 32
pure (embrace) 51
pure magic 55
purpose (divine) 35
purse chinks to purse 51
pushed on (= continued) 21
quarter (= coin) 15
questioned, is never 23
raffish 46
rank (= growing) 52
rash 13
rather (= instead) 38
Raven, Dr 36
reaction (chemical) 43
read aloud 36
real 5, 20, 33
really 14
reassure 41
red-hot 48
Reeboks 10
reek 4
registering directly with 53
relentlessly 12
remember (= recognise) 49
reports, there are 15
resources, overstretched 1
respectable 15
responsible for, was (= caused) 15
rest of, the 47
results (exam) 18
retrieval, instant 53
revel 44

riddle (a thing with) 49
ridiculous 54
right change (= money) 39
right through to... 41
rind of moon, a 49
rites of passage 23
ritzy 32
riveted on (= staring at) 36
robust warnings 33
rockers (= musicians) 32
Romanian 22
romantic 5
rosy tints 51
rotten (houses) 52
Royal Enclosure 47
ruled by money 30
rumpy pumpy 54
runs 30
rush into bloom 17
sad (event) 15
safety razor 27
salivate 26
sanitized 32
scamper 28
scan (= read in) 53
scantily 52
scapegrace 44
scent, on the 20
schnozzle (= nose) 7
scramble for (in pocket) 14
scramble through 48
screened (= shielded) 39
screw (= have sex) 38
screwnails 26
scribbled 30
scripts (= writing systems) 40
scripture class 36

scruffy 6, 39
scudding 28
secondary school 2
seeped through 31
self-esteem 47
self-gratification 27
self, inner 42
self-loathing 47
self-righteous 55
self-scrutiny 36
sense 56
sensitive 7
sensuous 40
sentimentalise 30
separatists 45
seriously impressed 20
serrated 17
set the table 41
setting, beautiful 11
sex 29
Sex and the City 54
sexy 24
shabby 52
shake off (belief) 35
Shakespeare 6
shards (of smoke) 49
shared 12
shilling a day 16, 30
shimmer into life 32
shipwrecked 20
shoe-horned into 55
shoot past 36
shortage of teachers 2
shortfall 2
should be (= normally would be) 17
shoulder, over one's 9

shrubs 3
sigh, make 49
silly 14
simply must stop, I 23
Sinatra-smooching 7
single, a (= one each) 40
Single-Parent Benefit 18
sitcom 54
sketching tour 16
skirting (= alongside) 52
slap and tickle 24
sleek 20, 28
slides, coloured 13
slip (= petticoat) 50
slipped disc 3
slipshod 52
sloth 8
slurry 18
smacking (= sound) 28
smattering 16
smooching 7
snobbery 10
snouts 22
so far as I could see 21
so many of 47
so that 11
soak in (atmosphere) 4
sober (= emotionless) 29
soda 13
solecism 10
some hundred feet 28
sometime 44
sophisticated 4
sound or letter *h* 40
specialist 27
spoon, get onto one's 11
sporran 55

sports clothes **50**
spout Latin **8**
sprawling **52**
sprays (of smoke) **28**
spread over every street **52**
squash (things into) **50**
St Bernard (= dog) **26**
stagger (= astound) **54**
staging post (of life) **8**
stamp one's feet **52**
standards **2**
staple **36**
startled **36**
statesmen **48**
steam, let off **1**
steaming piles **19**
stepping-stone **35**
stereotype **1**
stick to (= not give up) **20**
stoicism **33**
stone-flagged floors **31**
straps, hang from (= commute) **39**
streams **35**
strong drink **37**
stuck with each other **1**
studio **56**
stuff (= substance) **13**
subject, not a pleasant **48**
subliminal **23**
substantial (attractions) **51**
subtle **5**
such primitive animism **35**
sucker-punch **37**
sure, to be (= indeed) **17**
surf (the Internet) **53**
swami **32**

swinging along **48**
sympathetic **36**
sympathetic unison, in **51**
table, set the **41**
take on board (= employ) **23**
take to (= adopt a habit) **29**, **38**
talented, become **8**
tanned (= suntanned) **32**
tap room **7**
tape-recording **27**
tavern **48**
taxi-drivers **39**
teen years **37**
teenagers **10**
television **23**, **27**
temperance (= abstinence) **13**
tempers **1**, **4**
tenuous (fact) **37**
territory **47**
terrorize **38**
that he is, animal **43**
there are **40**
things to which, these are all **47**
think (= believe) **14**
this and that **32**
thorn (= bush) **56**
thought, after a little **46**
thrash **20**
tights **50**
time (in the past) **21**
time it usually took **24**
timetables **41**
time-travelling **5**
tin opener **35**
tin-pot rulers **22**
tints, rosy **51**
tip (= give extra money) **39**

tipsiest of 44
tipsy 44
title (= noble rank) 42
today, culture 25
topple 5
tortoise-shells (= butterflies) 17
track (of person's life) 47
traffic jams 39
Treasury 2
treatment 30
tremendous (= huge) 34
trend-benders 19
trick, miss a 8
trick, take the 12
trick up one's sleeve 24
trimming (grass) 3
troops 30
true (= sincere) 51
trug 20
trussed up 20
tumbrils with him, to the 21
turned-out, immaculately 55
tussore-silk 56
tuxedo 50
twice as much as 34
twitching (curtains) 25
two-boater 15
type fonts 40
tyrannies 38
unattractive 2
under-nourishment 38
undertaker 27
unimaginative 29
uninhabitable to 34
unless said in English 12
unlikely a place, as 36
unmoved by 6

unselfish 43
up the stick (= pregnant) 18
up to (= doing) 25
upshot 29
upstairs bathroom 17
velar fricative 40
vengeance, with a 35
venture off beaten tracks 16
Victorian 21
view of the world 29
vintage (of clothes) 10
virginity, lose one's 46
vivid (atmosphere) 4
vocabulary 16
votaries 51
waking (= awake) 35
want them, world that did not 48
warrant (= justify) 35
washing-machine 39
waste ground 49
waste of effort 50
watch (pocket) 46
watch (TV) 23
watch it (= rebuke) 24
way with, have one's 15
weasel its way 19
weigh in 20
weigh in the balance 42
well-kept (secret) 39
welter of, a 36
wham 50
what is it for? 35
what on earth 45
what they do not have is 6
who cares? 45
whom, the eldest of 44
wicked 20

wildly 13
window of coordination 11
windshield 37
with eleven times the... 34
with that sound 40
with them, any they'd had 50
with us (= part of us) 48
without ...ing 12
wonderful joke 14
wonderful, never felt so 6
woo 21
woodscrews 26
words with, have 24
work, have no obvious 21
work oneself into (a state) 14
working knowledge 16
workmanlike 28
workmen 39
world's eye, in front of 42
worried man 37
would (from time to time) 28
would (= used to) 21
would buy us 39
would have (doubtless) 35
would like to have specialised 46
wretch 42
wrong at the last minute, go 41
wrong, there is no 25
wrong, there was something 11
xenophobia 1
Xerox photocopying 27
year, inside the 13
years old 36, 46
you (= one) 11, 50
you be careful how... 13
you hear? 24
zeal 29

★ ★ ★

-ado, en 28
agarikoj 20
aglajo 17
akordo 46
aktivigo 1, 23, 30, 38, 50
akuzativigo de listoj 32
aleo 9
aliino 6
amoro 29
ampelopso 17
arbedo, arbusto 3
ateliero 56
atributoj 6
atulo 37
beleta 41
Biblio, citajoj el 36, 42, 48
bluĝinzo 10
brando 26
bufed(ej)o 55
celebri 5
celintenco 35
cetere 35
cinika 5
ĉampinjonoj 20
ĉapo 10
ĉefo 49
decidi 30
defiiĝoj 47
demandoj, tri 15
demenco, dementi 38
determini 30
diskomunumigi 25
drinkejo 7
ecoj 6
ekonomio 16

elane 41
eraroj tradukindaj 4, 48
estas 40, 46
eŭskoj 45
fantasta 56
fantazi(ec)a, fantazio 5, 29, 33, 56
farisea 55
farmi(sto) 42
felietono 54
fikcia, fiktiva 51
filerte 24
fosajen 44
frap 50
fremdlingva librotitolo 22
fungoj 20
fuŝumi 11
gazono 39
gemuta 51
gepatro 18
glaceo 51
gloso 51
gracia 41
gratifiki 39
grimpaĵo 17
gvati 25
ĝendarmo 44
ĝinzo 10
ĝis 9
iamo 5, 22
imag(it)a 33
imagpovo 5
inercio, inerteco 49
infloresko 56
Jovo 34
junularen 5
kalandrao, kalandro 52
kalson(et)o 50

kalsonŝtrumpoj 50
kanabo 23
kapelo 52
kaskedo 10
kelkies 51
kia (rilata) 20
kiel/kiom 43, 48
kilto 21
klarigo de nomo 7, 37, 47, 49, 54, 55
kobro 9
komputilo, komputoro 26
konjako 26
konstablo 44
konstitucio 44
kontrasto reliefigita per emfaza
   adjektivo 44
kordo 46
krampo 36
la 22, 34, 44, 48, 49
linda 41
lineo 33
ludonanto, luprenanto 51
majorano 17
majstra 12
malferma 15
malhele 17
malhisite 15
maljeso 1
mallume 17
malreala 33
manpleno 16
marihuano 23
mem- 14, 47
metrigo 3, 17, 28, 34
miregigega 46
modmodlantoj 19
moviĝi 49

muf(ec)a 51
najo 9
nazum(ul)o 25
neologismoj 9, 11, 27, 32, 40, 49
no (anstataŭ -*n*) 24
nokaŭti 37
obeoteco 2
oportuno 35
optike 53
pacgardisto 44
palto 48
parolanto 9
participoj 24, 28, 37, 38, 40, 44, 53
plenmano 16
pluralo ĝeneraliga 48
plus 50
po 40
poeziaj citaĵoj 6
pokso 37
pramortintoj 45
principa 8
projektistoj 5
prononcindikoj 13
propraj nomoj 13, 14, 24, 36
prozo poezieca 49
pum 50
razeno 39
rearanĝado de frazoj 30, 34, 38
resto 47
Romanio 22
ruzaĵo 8
sekso 29
sensensencaĵa 9
sia 56
simpatia 36
sin- 14, 47
sino 20

snobo 10
sole 43
sporano 55
stoikeco, stoikismo 33
Streb E'Brien 13
striktaĵo 50
stuci 3
studio 56
subjekto 48
ŝablono 1
ŝatintus 46
Þekspiro, citaĵoj el 6, 45
ŝuŝi 49
talištrumpoj 50
teko 36
televido, televizio 23, 26
temperamento 44
tempoj de verboj 18, 25, 39, 50, 54
tereno, teritorio 47
tombaka 4, 22
traduki aŭ interpreti? 49
trajnĉefo 49
transpaŝilo 35
treko 12
trinkejo 7
ul(in)o 25
vest(aĵ)o 50
vidateco 2
vinkto 36
vortaro, vortstoko 16
Wodehouse, stilo de 13

TRADUKVORTARETO

absently: *nečeestece*
accelerate: *plifruigi*
annoying intervention: *entrudiĝo*
anorak: *vatjako*
authority: *obeoteco (Z)*
bar: *alkoholloko, bufedejo*
barmaid: *bufedistino*
belongings: *apartenajoj*
blank: *senesprima*
blaspheme, curse: *prokristumi*
bloody hopeless: *merde senutila*
brand: *brulmarko*
break (give us a break): *paceton donu*
bring about: *elfuturigi*
cannery: *enladigejo*
care (I couldn't care less): *al mi malgrave*
chippings: *ŝtonrompaĵo*
clearing: *senarbejo*
clumsy: *maleleganta*
crunch: *krakmordeti*
deliberate: *konscia*
descend: *desupri*
dither: *ĉirkaŭumi*
dribble: *likaĉi*
driveway: *doma veturejo*
experienced: *hardita*
face (to lose face): *malprestiĝi*
fag: *fumilo*
familiar: *familieca*
fastidious: *selektema*
figurehead: *prufiguro*
fish (to fish out): *elhokumi*
fish out: *elhokumi*
flirt: *amumi*
flock: *zorgataro*

fluently: *glate*
frankness: *senkaŝeco*
frown: *fruntsulkigo; nubmieni*
greedy: *akirema*
have (what did he have to say?): *kion li dirofertis?*
hoped-for: *sopirita*
impartial: *neŭtrala*
intention: *celo*
introduce: *enporti*
iridescent: *buntecanta*
knowingly: *konsciece*
landowner: *bienhavanto, terposedanto*
landslide: *defalegaĵo*
lazily: *malpeneme*
leeward: *fordeventflanke*
mean (she means it): *ŝi parolas sincere*
menu: *manĝotabelo*
mistress: *amorantino*
nightmare: *premsonĝo*
overgrown: *kreskumita*
peer: *penstrabi*
pinch: *marodi*
pissed (as a newt): *porke ebria*
pleading: *alpetegado*
pontificate: *papumi*
public bar: *komunula sekcio*
ransom: *ostaĝmono*
rape: *seksatenco*
recession: *ekonomia malkresko*
referee: *decidisto*
reformer: *plibonigisto*
regard: *taksi*
righteously: *sinpravige*
rubbish, garbage: *forĵetitaĵo, forĵetotaĵo*

say (what did he have to
  say?): *kion li dirofertis?*
shy: *maltrudiĝema*
slap: *klakfrapi*
smoke (= fag): *fumilo*
snowdrift: *neĝblovitaĵo*
squeeze through: *trastringiĝi*
staff: *estrataro*
status symbol: *prestiĝsimbolo*
supple: *membrevigla*
taxi: *luaŭto*
thing (is a thing of the past): *anas je l' pasinteco*
tights: *štrumpkuloto*
toot: *hupi*
trap: *enfalejo*
trouble (it's more trouble than it's worth): *ĝenas pli ol valoras, tio*
undulating: *ondforma*
unlike: *malkiel*
unwind: *malplekt(iĝ)i*
vehemently: *insiste*
volunteer: *memvolulo*
wake: *(blanka) disondo*
ward: *flegoĉambro*
weeds: *sarkindaĵoj*
whirr: *kirlzumo*
worried: *angoreta*

www.ingramcontent.com/pod-product-compliance
Lightning Source LLC
Chambersburg PA
CBHW062243300426
44110CB00034B/1264